KUWEI
酷威文化
图书 影视

家是我们开始的地方

Home Is Where We Start From

D. W. Winnicott
[英] 唐纳德·温尼科特 著
耿伟 韩萨日娜 译

江苏凤凰文艺出版社
JIANGSU PHOENIX LITERATURE AND ART PUBLISHING

一位精神分析学家的随笔集

目录

Part 2 | 家庭

Part 3 | 反思社会

精神分析与科学：朋友还是亲属？

1961 年 5 月 19 日，在牛津大学科学学会的演讲

精神分析是一种运用心理手段去治愈精神病患者的方法，换言之，无须借助仪器、药物或催眠等手段。该理论是弗洛伊德在本世纪之初创立的，当时催眠疗法被用于心理疾病的治疗。然而，弗洛伊德对催眠术的治疗结果并不满意，同僚们亦一筹莫展。而且他发现，仅凭催眠疗法，无法更深入地了解到病人的症状。因此，他在催眠治疗中选择与患者互相配合，让时间来验证成果。病人每天按照约定时间来访，两人也都不急着消除症状，这时一件更为重要的事情发生了：让病人袒露自我。通过这种方式，弗洛伊德获取了信

息，他再利用所获信息去解读病人，并逐步建立起一门新学科——我们现在称之为精神分析学，亦可叫作动态心理学。

因此，精神分析这一术语特指一种方法，一个渐进式的理论体系。这一理论不仅涉及人类个体的情感发展，同时，它也是一门以科学为基础的应用科学。

你们会注意到我提及了“科学”一词。诚然，在我看来，弗洛伊德的确开创了一门新科学，这是生理学的延伸——关乎人的个性、性格、情感和付出。

但什么是科学？这是个老生常谈的问题，想必你也知道答案。

当已有的知识无法弥合认知的差距时，我想科学家们也不会给出什么超自然的解释，若是那样做了，岂不意味着惊慌、对未知的恐惧以及一种非科学的态度？对于科学家而言，认知上的每一次差距都能带来令人激动的挑战。无知驱使人们去设计研究项目，差距激励科学家们不断求索。科学家可以忍受等待和无知。这意味着他有某种信仰——不是信什么，而是一种信心，一种相信的能力。“我现在还不知道。好吧！但总有一天我会知道的。就算我不知道，其他人也可能会知道。”

对科学家而言，问题的表述几乎就是全部。即使找到答案，也只会引出其他问题。科学家不会想要知晓一切，甚至他一想到这种事，就会感到不寒而栗。与宗教的确定性相比，你就会明白科学与宗教竟能如此不同。宗教确定一切，而科学则质问一切，它包含了一种信念，信什么呢？也许什么也不信，只是一种相信的能力，若一定存在对某事的信念，那就是对统辖万象的必然法则的信念。

精神分析学包含着生理学尚未涉猎的领域，探讨了人的个性、感情和冲突等。精神分析学声称人性是可以考证的，在无知被暴露的地方，精神分析能花时间等待，而不必沉迷于那些迷信的说辞。科学的主要贡献之一，就是呼吁人们别再那么匆忙、大惊小怪和烦恼，这给了我们一丝喘息的空间。我们可以打保龄球，同时也可以打败西班牙人。

我请你们在脑海中把科学和应用科学分开。作为应用科学的从业者，我们每天都在忙于应付患者或咨询者的各种需求，受挫也是家常便饭。失败时，就算我们付出再多努力，那也无济于事。就像一架飞机突发故障并在空中解体了一样，任你再神通广大，也只能乖乖赴死。应用科学不是科学。当我做分析时，这不是科学。但当我从事弗洛伊德之前无法完成的工作时，我却依赖于科学。

弗洛伊德在其有生之年使精神分析的基础理论得到了长足发展。这个理论通常被称为元心理学（基于形而上学的类比）。他起初研究的是神经官能症，但随后将他的研究范围逐渐扩大至更严重的病人中去，包括精神障碍患者、精神分裂症患者和躁狂抑郁症患者。关于精神分裂症和躁狂抑郁性精神病的心理学，现在所知的大部分知识都归功于弗洛伊德和他的继任者（他们传承了前者所发明的调查结果和治疗方法）所做的工作。

在此，我遇到了一个问题，那就是：因为我不认识你，我不知道你知道什么，也不知道你是否会轻易接受我的观点，或者你是否持有其他观点，知道一些我忽略了的想法。也许你们会希望我描述一下精神分析，我会尽量试试。当然，若是要展开说明，那可不是三言两语就可以说清楚的。

首先，你必须了解人类情感发展的总体进程，然后，你必须了解生活中固有的紧张，以及相应的处理办法。另外，你们必须认识正常防御系统的崩溃，以及第二和第三道防线的建立，换句话说，疾病组织是在普通防御失败的情况下，使个体得以继续生存下去的一种方式。紧张出于人的本能，源自身体机能的紊乱。

当然，个人抵御难以忍受的焦虑的部分原因，始终都是环境造成的。生活环境通常会随着一个人的发展而变化，因此婴儿的依赖性逐渐发展为较大孩子的独立性和成年人的自主性。所有这些都非常复杂，所幸已有大量的研究证明。

可从环境破坏的角度对疾病进行分类。然而，更有趣的切入点是个体的防御机制。在这些方法中，每一条都告诉了我们普通人是如何生活的：有一类是教我们去认识社会，另一类是教我们去认识人与人之间的紧张关系，而这也是哲学家、艺术家和宗教所关心的。换言之，精神分析深刻地影响了我们看待生活的方式，精神分析学的内容远比社会和普通人的研究要多得多。与此同时，精神分析作为一种调查方法，没有任何其他方法足以与之匹敌和并行。但是很多人不喜欢它，也不喜欢其中的观点，所以目前在英国从事分析工作的人并不多，并且大都集中在伦敦。

就“人”而言，精神分析主要告诉我们的是什么？它讲述了无意识，讲述了每个人深层的、隐藏的生活，这些生活植根于儿童早期真实而富有想象力的生活。一开始，这两件事，即真实的生活和想象的生活，是同一件事，因为婴儿在开始时并不会客观地感知到周围的环境，而是生活在主观状态中——他就是一切的创造者。随着时间的推移，在健康状态下，婴儿能够感知一个非我的世界，为了达到这种状态，婴儿必须在绝对依赖（完全依赖）他人的状态下得到足够的照顾。

人们通过梦境得以一探自己的潜意识，而梦代表着意识生活和潜意识现象之间的桥梁。基于此，弗洛伊德的《梦的解析》（1900年）称得上是一部奠基之作。

当然，梦境的出现往往缘于特殊环境下的医疗咨询。精神分析提供了额外的特殊情况，而且在精神分析中，最重要的梦往往间接或直接与精神分析师有关。他们在解析一长串被压抑的无意识的案例中，产生了“移情”效应，揭示了患者对焦虑的防御。

精神分析与科学有着特殊的亲属关系，因为它在以下几个方面显示出了科学的性质：

1. 科学家的起源。

2. 科学研究用于应对幻想和现实方面的焦虑的方式（主客观的）。

3. 创造性冲动这一科学方法作为一个新问题出现，即依赖于对现有知识的掌握。

新问题的出现是因为想到了解决途径。科学方法的这些顺序可以被视为:（1）建立期望;（2）接受证据或相关证据;（3）由于相对失败而产生的新问题。

那统计数据呢？是科学吗？统计数据可以用来证明某个问题的某些答案是正确的，但这是谁的问题，又是谁的答案呢？

这时会有一种论点，即精神分析学家同时也是一位精神病学家，因为他的分析方法偏向于精神病学家的分析方法。如果所言在某些情况下属实，那就没什么办法了。但这并不能证明精神分析理论是错误的。要进行精神分析，精神分析师必须亲身体验，除非他有弗洛伊德的天赋。

就像催眠术一样，精神分析中也会发生一些意料之外的事，但它们往往都是慢慢浮现的，所以患者也不会心生排斥。我无法提供一些令人眼前一亮的精神分析材料，毕竟它没儿童精神病学的案例那么戏剧化。但在精神分析领域，直到治疗结束前，患者和分析师只是在日复一日地埋头苦干罢了。

例如，一位恐婚男前来咨询。随着治疗的进行，他慢慢开始敞开心扉，并发现:（1）健康的异性恋倾向受到了干扰;（2）干扰因素是女性身份认同，亦是对同性恋的逃避;（3）乱伦禁忌被彻底接受。因此，他不断地与不同女孩交往，因为他不再受恋母情结的困扰。后来，问题得到了解决，他结婚了，组建了一个家庭。下一个问题是理清他与兄弟之间的关系，他否认了兄弟的存在。在此过程中，他发现了自己对父亲有深深的孺慕之情。

然后，他发现自己不再那么轻易地就怨恨父亲了，在工作中也变得更容易相处了。另一个新的目标是：追溯到生命初期，探索他在内心深处对母亲的爱，包括自我原始冲动的根源。结果呢？他不仅痊愈了，而且还建立了更广泛基础上的人格、更充沛的感情，也更能宽容他人了，同时还更自信了——这已经反映在他的择偶观和对妻儿的态度上。他的事业也开始腾飞，更具活力和独创性。

而统计数据无法显示这些变化。

PART 1 健康和疾病

健康个体的概念

1967 年 3 月 8 日，在皇家医学心理协会心理治疗和社会精神病科的一次演讲

前言

当我们谈论人的时候，常常会使用“正常”和“健康”这两个词，我们也大概知晓这两个词的含义。而当我们想表达清楚自己的想法时，有时会得到想要的结果，有时会说出一些显而易见的事实，但我们却无法知晓后果会如何。不管怎样，我们的立场都会随着时代而进步。因此，四十年代流行的说法，到了六十年代就可能不合时宜了。

在这个问题上，许多作家都表达过自己的观点，我便不再赘述，

请允许我直截了当地说：我的大多数观点都来自弗洛伊德。

我希望自己不会陷入一种误区，即认为可以把一个人从他所处的社会当中分离出来，然后单独对他做出评价。个体的成熟意味着走向独立，但事实上，根本不存在所谓的“独立”。如果一个人通过离群索居来感受独立和坚强，那这是不健康的行为。如果有这样的人存在，那说明依赖是存在的，他或是依赖他的精神科护士，或是依赖他的家庭。

然而，我还是会研究个体健康这个概念，因为社会健康依赖于个体健康。社会是由无数个个体构成的，社会进步受制于个体健康水平。社会也会被不健康的成员拖累，从而无法达到一个理想的健康状态。

生理成熟

就发育而言，健康意味着个体达到了与年龄相符的成熟度。早熟的自我发展或自我意识并不比晚熟来得更健康。成熟化的倾向是由遗传决定的。成长，尤其是早期的发育成长，依赖于一个较好的供养环境。其机制很复杂，相关研究也有很多。足够好的供养条件能够为遗传因素提供有利条件，使个体能够正常生长发育。就个人的情感发育而言，遗传和环境均属于外在因素。这里的情感发育也可以叫作“心理形态学”（我考虑过是否可以用这个词来表示情感发育，而不是笨拙地在“心理学”前加上前缀“动态”）。

在此，我们可以做一个合理的假设：一个足够好的供养环境，始于母亲对婴儿需求的高度适应。通常情况下，由于母亲的特殊身份，她往往能够满足这些需求。我将这种特殊状态称为“原初母性贯注”。也有很多其他术语被用来指称这种状态，但我倾向于使用自创的术语。由于婴儿愈加需要经历这种挫折，故母亲的高度满足行为会逐渐减少。有时，母亲不会立刻满足婴儿的需求，直到婴儿以哭闹作为回应，而非因为母亲无法适应而产生创伤，这也是健康的。创伤意味着个体存在的持续性被打破，而只有在持续存在的状态下，对自我的感知、对现实的感受和对存在的觉察，才最终作为一个人的个性被确定下来。

母婴关系

起初，当婴儿生活在他的主观世界时，是不存在个体健康这个概念的。那如果一个健康的孩子生活在一个不健康的环境里呢？这些说辞在一开始没什么意义，直到婴儿已经能够对真实情况做出客观评价，能够分清“我”和“非我”之间的区别，知晓“现实”和“个人精神现实”的不同，并构建出内在世界的时候，讨论个体健康才有意义。在此，我指的是一种双向过程，一种是婴儿生活在一个主观世界；另一种是母亲满足婴儿的需求，给他一个基本的全能体验。

促进性环境

作为健康状态研究的一部分，促进性环境及其为适应个人需求而做出的逐步调整，这两者可以被分割开来进行研究。其中包括作为母亲职能补充的父亲职能，以及（随着孩子长大）越来越复杂的家庭职能，即引入现实原则，并将童年还给孩子。然而，我在此并非旨在研究环境的演变。

性敏感带

在弗洛伊德所处的前半个世纪里，人们发布的任何健康声明，都是按照性敏感带相继占据主流的观点，围绕本我确立的阶段而展开的。时至今日，这仍然有效。这种层级结构是众所周知的——从口欲期开始，然后是肛门和尿道，再者是阴茎或“阴茎骄傲”阶段（这对处于学步期的女孩来说的确太难懂了），最后是生殖器阶段（3~5 岁），在这个阶段，包含了所有属于成人的性幻想。当一个孩子按照这些步骤顺利长大时，那绝对是件幸事。

然后，在健康状态下，儿童将出现性成熟潜伏期的特征，这期间，本我位置没有向前移动，只有来自内分泌器官的本我冲动的零星支持。这里的健康概念与一段可教育时期有关，在这段时期，性别倾向于很自然地将自己隔离开来。值得一提的是，6 岁时达到 6 岁的水平，10 岁时达到 10 岁的水平，这才是健康的。

到了 14 岁时，尚未进入青春期的男女可能天生就会处于困惑和怀疑的状态，这也是健康的。“郁闷”一词就很好地描述了这一状态。让我强调一下，青春期的男孩或女孩会挣扎、会迷茫，这很正常。

青春期的到来既令人如释重负，又让人不安，对于这一阶段，我们了解得并不多。在这一时期，青春期的少男少女能与同一状态下的其他人一起成长。当很难区分哪些属于健康，哪些属于疾病时，我们就来到了“兵荒马乱”的青春期（战后时期）。当然，这些问题早就不新鲜了。

我们只能要求从事这项工作的人把重点放在攻克理论问题上，而不是放在解决青少年的实际问题上——尽管他们的症状会带来不便，但最好能让他们自行找到解救途径。这段时期意义非凡，青少年没有生病，也自然不能像患者一样被治愈，但这并不是否认在青春期到来之际可能会出现病态的个体。

一些青少年遭受了巨大的痛苦，若你选择冷眼旁观，那未免太过残忍。14 岁时，他们需要忍受几种不同现象的相互作用——他们的少不更事、自身在青春期的变化、他们自己对生活的看法，以及他们自己的理想和愿望。除此之外，对他们来说，这个充满妥协、虚假价值观和无限偏离主题的成年人世界无异于一场理想的幻灭。当他们离开这个阶段时，青春期的男女会开始感到一种真实感，即自我和存在的感觉。这才是健康的状态。存在带来行动，但在存在之前，不可能有行动，这就是他们想告知我们的信息。

我们不必鼓励那些挣扎困顿的青少年，那些仍依赖他人却行事张狂的青少年，实际上，他们也不需要鼓励。我们记得，青春期晚期是一个在冒险中取得令人兴奋的成就的时期，因此，一个男孩或一个女孩度过青春期，开始对父母和社会责任产生身份认同，我们是乐见其成的。没有人会说“健康”等同于“安逸”，尤其是在社会及其青少年队伍之间的冲突领域内。

如果我们继续前进，我们会开始使用一种不同的语言。本节从本我驱动开始，最后从自我心理学结束。青春期带来了一种可能性——可以令人充满男性魅力或女性魅力，换言之，当生殖力趋向成熟时（通常在潜伏期之前），这对个人来说是一件好事。然而，青春期的男女并没有受蒙骗，认为本能驱动就是一切，事实上，他们本质上关心的是存在，在某个地方感觉真实，以及实现某种程度的客体恒定性。他们需要有能力去驾驭这些本能，而不是被它们撕成碎片。

在获得完整的生育能力之前，当青少年成长为成年人，并可能成为父母时，成熟或健康会呈现出特殊的形式。当男孩希望像他的父亲一样，在梦中能肖想异性，并尽情交欢时；当一个女孩希望像母亲一样，能够梦见异性，并体验到性高潮时，事情就说得通了。测试需要了解的是：性体验能与喜欢以及更广泛含义上的“爱”结合起来吗？

在这些方面，病态个体总是令人困扰，而抑制在其运作过程中可能具有破坏性和残酷性。阳痿比强奸的伤害更大。然而，我们现在并不满足于一份关于身份地位的健康声明。用本我功能来描述发展过程，要比用自我及其复杂的进化来得更容易，但我们必须试试第二种方法。

若是本能生活中存在不成熟，那么个人在人格、性格或行为中就存在生病的危险。但是，我们必须审慎地去解读它，性可以作为部分功能发挥作用，因此，尽管性似乎运作良好，但不难发现，男女的性能力会使个体逐渐枯竭，而不是更加丰富。但是我们并不会轻易被这些事情所蒙蔽，因为我们不是依据行为和表面现象来看待个人的。我们在考察人格结构以及个人与社会和理想的关系方面做好了准备。

也许，精神分析学家曾经确实倾向于认为健康无非是没有精神错乱的症候，但这已不是事实。我们现在需要的是更细致的定义。当我们现在思考人格的自由、信任和信念的能力、可靠性和客体恒定性、不受自欺的自由以及与富裕而不是贫穷有关的个人精神现实的品质等方面时，我们不需要抛弃我们以前使用的标准。

个体与社会

如果我们假设个体在本能能力方面取得了合理的成就，那么我们就会看到，相对健康的人也面临着新的任务。例如，他或她与家庭的延伸，即社会之间的关系。我们认为，在健康状态下，男女能够实现对社会的认同，而不致丧失太多的个人冲动。当然，个人冲动的控制感肯定会丧失，但完全丧失自我意识和自我重要性的极端社会认同感根本就不正常。

你若知晓了这一点，便不会再将健康视为“没有神经官能症障碍”，换言之，不存在与本我位置向完全生育能力发展相关的障碍，也不存在人际关系焦虑引发的防御相关的障碍——鉴于此，达到健康状态的确并非易事。健康个体的生活不仅具有积极的特征，还具有恐惧、冲突的情感、怀疑、挫折等特征。最重要的是，人们觉得自己活出了本色，为自己的作为或不作为承担责任，能够享受成功所带来的荣誉，也能为失败承担责任。用一种语言表达的话，可以说个人已经从依赖走向独立或自主。

就本我位置而言，未将自我心理学纳入健康声明的确令人很难信服。审视自我会让我们回到个人发展的前生殖器阶段、语言表达前阶段，以及环境供养阶段，以适应婴儿早期所特有的原始需求。

在这一点上，我倾向于从抱持（holding）的角度来进行思考。这不仅适用于身体上对子宫内生命的持有，其范围还逐渐扩大到了婴儿的整个适应性照顾和支持。最后，这一概念可以扩大到家庭的职能，并引出了以社会工作为基础的生活环境调查的概念。即使个人对正在发生的事情一无所知，他也可以在抱持上做得很好。我们需要的是一种识别和了解婴儿感受的能力。

在一个能为婴儿提供足够抱持的环境中，婴儿将能够根据遗传倾向实现个人发展。其结果是存在的连续性成为一种存在感，一种自我感，并最终发展为自主性。

早期发展阶段

现在来看看人格发展的早期阶段到底发生了什么。这里的关键词“整合”几乎涵盖了所有的发展任务。整合将婴儿带到单元状态，带向人称代词“我”（I），带向数字 1；这让“我是”（I AM）成为可能，也让“我做”（I DO）更有意义。

我是同时从三个方面进行考察的。我正关注的是婴儿护理。此外，我还研究了精神分裂症。同时，我正在寻找一种方式来说明：健康儿童和成年人的生活到底与什么有关。在此，容我提示一句，健康的一大特征便是成年人的情感在持续发展。

在此，我举三个例子。就婴儿而言，整合是一个过程，它有自己的节奏，并且越发复杂化。精神分裂症的特征之一便是分裂现象（非整合现象），尤其是对分裂的恐惧，以及在个体身上出现的病理性防御，其目的是拉响分裂的警报。（精神错乱通常不是一种退行性病症，毕竟它带有一种信任的成分。事实上，为了防止分裂复发，这是一种相当复杂的防御安排。）整合作为婴儿生活中特有的一种过程，再次出现在边缘型案例的精神分析中。

在成年人的生活中，“整合”一词的含义不断延伸，直至将完整性也包括在内。健康个体可以在临睡、放松和做梦中陷入非整合状态，并承受与之相关的痛苦，特别是因为放松与创造力相关，所以创造性冲动的出现和再现脱离了非整合的状态。针对非整合的有组织的防御剥夺了个人创造性冲动的可能性，因此阻碍了创造性生活。

心身伙伴关系

婴儿发育中的一项辅助任务是心身共存（暂且不考虑智力）。在婴儿护理的过程中，大部分与身体相关的任务，如抱持、照顾、洗澡、喂食等，都是为了帮助婴儿完成这一任务，使之以与自己和谐相处的方式生活、工作。

在精神病学中，精神分裂症的一个特征是精神（或者不管它叫什么）与身体以及身体功能之间只有松散的联系。灵魂甚至可能会在相当长的一段时间内离开躯体，或者被投射出来。

在健康状态下，调动身体及其所有功能是一件令人愉快的事情，这尤其适用于儿童和青少年。所以，这里再次提到了精神分裂症和健康之间的关系。令人痛心的是，健康个体可能不得不生活在畸形、患病或衰老的身体中，或者可能正在挨饿或遭受巨大痛苦。

客体关联

就像心身共存和更广泛意义上的整合问题一样，人们可以以同样的方式来观察个体与客体之间的关系。客体关联是一种驱使婴儿达到成熟的过程，但是，除非婴儿面前的世界足够好，否则它是不可能发生的。具备适应性的母亲以这样一种方式呈现这个世界，即婴儿在初期就获得了一种全能体验，这是他或她在后来接受现实原则的坚实基础。这里有一个悖论，在这个初始阶段，婴儿创造了客体，但客体其实早就已经在那里了，否则他就不会创造它。这个悖论必须被接受，而不是被解决。

在此基础上，精神疾病和成人健康领域又当如何？在精神分裂症中，客体关联出了错，比如患者与主观世界发生关联，或者他无法与自我之外的任何客体发生关联。全能是通过妄想来实现的。患者会表现为退缩、失去联结、困惑、孤立、虚幻、无法接近、对外界充耳不闻等。

在健康状态下，生命的大部分内容都与各种各样的客体有关，抑或与外部客体关系和内部客体关系之间的“来来回回”的过程有关。这是一个人际关系问题，但创造性关联的剩余部分并没有丢失，这使得客体关联的每个方面都令人兴奋。

这里的健康包括刺痛生命的想法和亲密的魔力。所有这些结合在一起，形成了一种真实感和存在感，以及反馈到个人心理现实中的经历和体验，这些经验拓展了个人心理现实的范围，使其更丰富。结果是，健康个体的内心世界与外部或现实世界相联系，但这个内心世界是个人的，并且能维持一种生命力。内摄性认同和投射性认同不断交替发生。因此，对于健康个体来说，丧失和厄运（以及疾病，正如我所说）可能比那些心理不成熟或扭曲的人更可怕。望知悉，健康本身就自带风险。

概述

在讨论之前，先来明确一下我们自身的研究范围。我们需要决定，是将我们对健康含义的考虑局限于那些从一开始就很健康的人，还是将其扩展到那些先天不良，但最终克服了病魔之人——而这健康来之不易，也非自然便有之。在我看来，两者皆为研究对象，为何？后续我会简单解释一下。

两种类型的人

我发现把世界上的人分为两类还挺有用的。一类人自襁褓时期以来便被百般呵护，人生自然也是多姿多彩、诸事顺遂。还有一类人童年悲惨，创伤经久不愈，他们可能过着疾病缠身，或饱受摧残的生活，身负着巨大的压力。我们会意识到，有些人失去了健康的机会，他们的防御机制是僵化的，而僵化本身就会阻碍我们前进。这种情况显然就不符合“健康”一词的含义。

然而，还有一个中间群体。在对健康心理形态学的更全面阐述中，我们将涵盖那些过去曾焦虑痛苦，时至今日仍难以释怀之人，以及那些或多或少战胜了这种焦虑的人，尽管如此，他们仍会在生病和崩溃之下陷入那种不堪设想的可怕状态。崩溃虽会妨害治疗，但也蕴藏着积极因素。有时，精神崩溃确实需要某种治疗，然后才能恢复“健康”。

即使在这里，我们也能看到一种向健康状态发展的趋势，如果我说的第二类人能够设法抓住这种发展趋势，即使这一刻来得很迟，他们仍有可能取得成功。然后我们就可以将这些人纳入健康群体，并想方设法地使他们保持健康。

为精神健全而奋斗

注意，为精神健全而奋斗是不健康的。健康就是对病态的容忍。事实上，健康的状态源于与病态的全面接触（尤其是被称为精神分裂症的病态），也源于与依赖的接触。

在第一类人和第二类人之间，就早期供给环境而言，在两个极端之间，还有很大一部分人成功地隐藏了对崩溃的相对需要，但除非现有的环境特征触发了崩溃，否则他们是不会崩溃的。这些可能是新一类的创伤，也可能是一个可靠的人带来的希望。

因此，我们会问自己：我们应该将健康个体群的范围扩大到多大，以便可以囊括那些或先天不良，或曾经历过失望和不幸，但仍然取得了成功的人呢？我们必须考虑这样一个事实，即在这个群体中，有很多不好相处之人，是焦虑驱使着他们取得了非凡的成就。他们可能令人难以接近，但却推动了科学、艺术、哲学、宗教或政治等领域的进步。我不必给出答案，但我必须为这个问题做好准备：该拿世界上的那些天才如何是好呢？

真与假

在这一类别中，有一个特例，即那些尚未表现出崩溃的人该如何处置？对其的划分倒也不算太麻烦。毕竟在与人有关的事务中，没有什么是绝对明确的，谁又能说清健康状态的边界在何处，而我们通过这一边界就可进入病态的范围了呢？我在此指的是那些在无意识中需要组织虚假自我来应对世界的人，这种虚假自我是为了保护真实自我而设立的一道防御。（因为真实的自我受到了创伤，决不能再被人发现，以免再次受伤。）社会很容易被虚假自我所欺骗，并为此付出沉重代价。在我们看来，虚假自我虽然是一种成功的防御机制，但它绝不是一种健康状态。它可被并入克莱因学派的躁狂防御概念中——这里出现了一种抑郁，但这种抑郁在无意识中被否认，因此抑郁症的症状表现为它们的对立面（上为下，轻为重，白或亮为暗，活泼为麻木，兴奋为冷漠，等等）。

这不是健康状态，但就欢乐而言，它有其健康的一面，并且它也与健康有一种令人愉快的联系，因为对于衰老之人来说，年轻人的敏捷和活力永远都是对抗抑郁症的良药，这样想来也是合乎情理的。在健康状态下，严肃与随年龄增长而来的沉重责任有关，而年轻人通常无须承担这些责任。

在这里，我需要提到"抑郁"本身，这是为实现整合所需付出的代价。再复述一遍之前讨论抑郁价值的文章显然不太实际，或者更确切地说，健康原本就源于抑郁所固有的能力，当你感觉到责任、内疚和悲伤，以及当一切顺利喜不自胜时，你就离抑郁并不远了。然而，无论抑郁有多么可怕，它都应被视为个人实现整合的证据。

在不良的健康状态下，存在着复杂的破坏性力量。当破坏性力量存在于个体内部时，个体会产生自杀倾向；当破坏性力量存在于个体外部时，个人会产生迫害妄想。我并不是说这些因素是健康的一部分。然而，关于健康的研究有必要包括那些完整个体在成长过程中所具有的类似抑郁的严重性。正是在这些人身上，我们才能发现人格的丰富性和潜力。

遗漏之处

在此我仅用寥寥数语来一笔带过：反社会倾向与剥夺有关，换言之，在儿童成长的某个阶段，他的好日子到头了，这时的儿童已经知道会产生什么样的结果，但却无法应付这些结果。

这里并不是探讨攻击的地方。然而，我要说的是，在社区中，正是这些病态成员在无意识之中被迫发动战争和攻击来抵御迫害妄想，或者毁灭这个在他们幼年时将他们一一消灭的世界。

生活的目的

最后，健康个体能够过上怎样的生活呢？生活是关于什么的？我不需要知道答案，但我们对这一点应该都没有异议：生活更接近于“存在”，而不是性。罗蕾莱（Loreley）曾说：“接吻固然很好，但一个钻石手镯却会永久流传。”存在和真实感对健康至关重要，而且只有当我们能够视存在为理所当然之物时，我们才能获得那些更积极的东西。我认为这不仅仅是一种价值判断，也是个人情绪健康和真实感之间的联系。毫无疑问，绝大多数人都把真实感视为理所当然之物，但代价是什么？是忽略了这样一个事实：感到不真实、身不由己、失去自我、一蹶不振、茫然无措、身心分离、被摧毁、一事无成、无处可去等可能是一种危险？忽略这些事实也是不健康的。

三种生活

最后的论述一定围绕着健康个体的三种生活展开。

1. 生活在这个世界上，人际关系甚至是利用非人类环境的关键。

2. 个人（有时称为内在）心理现实的生活。这是区分一个人比另一个人更富有、更有深度并在发挥创意时更有趣的地方。它包括梦（或者梦的来源）。

对于以上两种生活，想必你已经很熟悉了，众所周知，其中任何一个都可能被用作防御手段：外向的人需要在生活中找到幻想；而内向的人则可能变得自给自足、无懈可击、与世隔绝、游手好闲。但还有另一个领域可供健康个体享受，这在精神分析理论中很容易被忽视。

3. 文化体验领域。

文化体验起始于戏剧，之后扩展到了人类遗产的整个领域，包括艺术、历史神话、哲学思想的缓慢发展、数学之谜、社会政府和宗教谜团。

我们把文化体验放在哪里？在我看来，它不能被放在内在或个人的心理现实中，因为它是共享现实的一部分，而不是梦。但它也不能被说成是外部关系的一部分，因为它是由梦所控制的。此外，在三种生活中，它是最善变的。在一些焦虑不安的人身上，它几乎没有共通性，而在另一些人身上，这是人类的专属，不归动物所有。因为这一领域内不仅有戏剧和幽默感，还有过去五千到一万年传承下来的文化智慧。这些都是健康的产物。

我试图找出文化体验的地位，并提出以下表述：当文化体验让孩子产生了对母亲的高度信任时，它始于孩子和母亲之间的潜在空间，如果孩子突然有需要，那么母亲就一定会出现在那里。

在这里，我发现我和弗雷德·普劳特（Fred Plaut）的观点是一致的，他在这里使用“信任”这个词作为建立这一健康体验领域的关键。

文化与分离

通过这种方式可以证明，健康与生活、内在财富，以及通过不同方式拥有文化体验的能力有关。

换言之，在健康状态下，母亲与孩子是亲密无间的，因为在孩子和母亲之间的时空领域，孩子（以及成年人）在富有创造性地生活着，可以充分利用现有的材料——一块木头或贝多芬晚期的四重奏。这是对过渡现象概念的一种发展。

关于健康还有很多可以说的，但我希望我已经成功地表达了这样一个观点：人是独一无二的。行为学还不足以阐释其中奥义。人类兼具动物的本能和功能，有时外形看起来也很像动物。也许，狮子更高贵，猴子更敏捷，瞪羚更优雅，蛇更柔软灵活，鱼更多产，鸟类更幸运——因为它们能飞，但人类本身就是了不起的，当他们足够健康时，他们的文化体验确实优于其他任何动物（也许鲸鱼及其近亲除外）。

只有人类才有可能毁灭这个世界。如果是这样的话，我们或许就会在最后一次原子弹爆炸中全部灭亡，因为我们知道这不是健康，而是恐惧。正因健康个体和健康社会会被病态个体拖累，所以才导致了这一后果。

总结

目前所做工作如下所示：

1. 将健康的概念等同于没有精神障碍。

2. 将健康与成熟联系起来，以成熟为终点。

3. 指出与自我有关的成熟化进程的重要性，这与自我位置层级中的本我位置考察无关。

4. 将这些自我进程与婴儿护理、精神分裂症和成人健康联系起来，并在以下概念中加以阐述：

（1）整合；

（2）心身伙伴关系；

（3）客体关联。

5. 指出我们必须决定在多大程度上将那些尽管有残疾，但仍能获得健康的个体包括在内，或是否包括在内。

6. 列举人类生活的三个领域，并指出一些生命是有价值、对社会有益的，一些人格是丰富而有创造性的，对于文化领域来说，这是健康状态所赐予的无上馈赠。

7. 最后，指出社会的健康不仅取决于其成员的健康，其模式也是其成员的重复模式。这样，民主（就这个词的一种意义而言）便成了健康的象征，因为它自然而然地生于家庭，而家庭是健康个体会为之负责的构造物。

富有创造力地生活

1970 年，由为进步联盟准备的两份演讲稿合并而成

创造力的定义

无论定义如何，它都必须包括生活是否不虚此行这一概念，这取决于生活是否富有创造性。

要成为一个有创造力的人，这个人必须存在着，并有一种存在感。这种存在感不是一种反复无常的意识，而是生命运作的一个基本场所。

创造力是从存在中产生的行为。这表明他是活着的。创造力不是一时冲动，而是“有所成”。

可以证明的是，在某些时候，某些人的活动表明这个人之所以还活着，全是因为他对刺激所做出的反应。整个生命可能都建立在对刺激做出反应的模式上。停止刺激后，个体就会失去生命力。但在这种极端情况下，“存在”一词与之无关。为了存在和拥有存在感，这个人必须任其“冲动行为”优于“反应行为”。

这些事情不仅仅关乎意愿，也是对生活的安排和重新安排。基本模式在情感成长的过程中被建立，在这一过程开始前，基本模式就是最大的影响因素。必须假设大多数人都处于两个极端之间的某个地方，而正是在这个中间区域，我们才有机会去调整自己的模式。这种学术型讨论的趣味就在于此。此外，我们也在考虑家长和教育者能做些什么。

如此一来，创造力便是在整个生命历程中保留一些属于婴儿的体验：创造世界的能力。对于婴儿来说，这并不困难，因为如果母亲能够适应婴儿的需要，那婴儿就会意识到——这个世界早在他们诞生之前就已存在。无论婴儿是否为世界的创造者，现实原则都是一种既定的事实。

现实原则虽不如人意，但当孩子被要求说“谢谢”时，重大的发展就已经出现了。因为现实原则就是一种侮辱。孩子通过遗传获得了应对这种侮辱的心理机制。

关于这些心理机制，已知在足够好的环境条件下，这个孩子（也就是后来的你我）找到了消化这种侮辱的方法。从一个极端来说，顺从简化了个体与其他人的关系，当然，这些人有自己的需要，他们自己的全能感也需要得到满足。在另一个极端，孩子仍是无所不能的。他们以其创造性指点着周围的一切。

举个粗略的例子：如果一个母亲有八个孩子，那么就会有八个母亲。这不仅仅是因为母亲对八个孩了的态度不同。即使她对每个人都不偏不倚（我知道这很荒谬，因为她毕竟不是一台精密运作的机器），每个孩子对妈妈的感受也是不一样的。

通过一种极其复杂的、由基因决定的成长过程，以及个人成长与外部因素的相互作用（这些外部因素要么起到了促进作用，要么让人难以适应并引发各种反应），我们最终发现自己能够以一种全新的方式去看待一切，在生活中处处都体现出自己的创造力。

我可以在《牛津英语词典》中查到“创造力”一词，我也可以查阅相关的哲学和心理学著作，然后再融会贯通一番，你也会惊叹：“了不起！真是闻所未闻。”就我个人而言，我无意这样做。我不想采撷前人果实，即使这样会让我的话听起来很荒谬。想必你们也看到了，让我归纳那些相关文献无疑会要了我的命——我需要确保观点有足够的开创性，不落前人窠臼，而这也有一个缺点，那就是如果我描述一个像“爱”这样简单的词，我必须得从零开始。（也许这才是正确的起点。）但当我谈到创造性生活和创造性艺术之间的区别时，我又会回到这个主题。

现在我在字典中查到了“创造”一词，知道它意味着“使之成为一种存在”。创造可以是“人类思维的产物”。博学之人是否认同此为创造，目前尚不能确定。我所说的创造性生活，是指不因顺从或对入侵世界的反应而一直被扼杀或消灭，也就是一直都在以新鲜的眼光审视一切。我在此指的是统觉，而不是感知。

创造力的起源

也许我已经提到了创造力的来源是什么。这里必须再陈述一点。只有活着才会发挥创造力。除非一个人在休息，否则，当一个客体挡在眼前时，人会以某种方式伸出手来，从而与它建立一种关系。但这还不够，你还需知道：对于一个活生生的人来说，只有身体或精神上的接触才有意义。一个大脑几乎没有发育的婴儿可能会伸手去寻找和使用一个客体，但他并没有富有创造性地生活。此外，正常的婴儿需要成长于一个复杂的环境之下，成为一个公认的存在者，以便体验伸出手来寻找物体的创造性行为。

所以，我再重申一遍这句格言：存在先于“做”。存在必须在做之后才能获得发展。最后，孩子在不丧失自我意识的情况下，甚至可以去操控自己的本能。因此，创造力源自个体所拥有的遗传倾向，即活着和活下去，并且在需要伸出手时，与那些挡在眼前的客体联系起来。哪怕这个客体远在天边。

保持创造力

对于那些没有误入世界从而心生扭曲的人来说，培养创造力这一最理想的属性还有相当大的发展空间。确实，你们肯定会说，生活大多都是琐事，可必须有人去做这些琐事，要解释这一点很难，因为有些人可能觉得琐事也很有用。也许像擦洗地板这类不需要太多的智慧的事实，为想象性体验这一分离出来的领域留下了可喜的机会。但还有交叉识别的问题，我稍后会讲到这一点。一个女人可能正在兴致勃勃地擦洗着地板，丝毫不觉得擦地板是项很乏味的工作，因为这会让她想到正是那调皮的孩子把地板弄得一团糟——在创造性生活的时刻，孩子的鞋上沾满了花园里的泥土，而他则把泥土蹭得到处都是。他这么做，是建立在一种假设上，他假设妈妈喜欢擦地板，而这恰恰彰显了他这个年龄的破坏力。人们认为这是一个合乎需求的阶段。我一直认为这个观点还挺有意思的！

或者，一个人可能会对在传送带旁工作感到厌倦，但当他想到有钱可赚时，他就会想到自己一直以来想把厨房的水池给修一修，或者他只花了一半的钱就在电视上看到南安普顿队竟出人意料地击败了曼彻斯特队。

事实上，人们很难接受那些沉闷乏味的工作，或当他们无可避免之时，他们也必须安排好周末。据说，在一个无聊透顶的日常生活中展望未来，要比从事一份有趣的工作来得更容易一些。必须记住的一点是，对于其他人来说，这项工作可能会非常有趣，因为他们用它来过有创造力的生活，但不允许其他人使用个人的判断。

在事物的发展过程中，若你能保持个人特色，拥有自己的秘密，那每个人都可以体验创造力的生活。如果你这人实在是乏善可陈，那就试着呼吸看看吧，这件事无人可为你代劳。或者，当你给朋友写信，或给《泰晤士报》和《新社会报》投稿时，你也能代表自己，在这些信被扔掉之前，也许有人会读到。

创造性生活与艺术创作

提到写信，不得不提的一个话题便是，我必须明确区分创造性生活和艺术创作。

在创造性生活中，你我会发现，我们所做的每件事都强化了这一种感觉：我们正活着，我们是我们自己。一个人可以看一棵活生生的树（而不一定是树的插画），并且从新的角度去欣赏这棵树。如果你曾经经历过精神分裂症式的抑郁期，你就会知道这一点。经常有人告诉我："我的窗外有金莲花，太阳出来了，我从理智上知道，这在一些人眼中一定是一道靓丽的风景。但对于今天早上（星期一）的我来说，没有任何意义。这让我敏锐地意识到自己并不真实。"

虽然创造性生活都是相似的，但编辑、作家、诗人、艺术家、雕塑家、建筑师和音乐家的积极创作是不同的。如果有人从事艺术创作，我们就会希望他能有一些独特的才能。但对于创造性生活来说，我们不需要特别的天赋。这是一种普遍的需求，也是一种普遍的体验，即使是卧床不起、孤僻的精神分裂症患者也可能创造性地生活在一种不为人知的精神活动中，因此在某种意义上，他是幸福的。当在某个阶段中意识到人类缺乏比吃饭或生存更重要的东西时，我们就会变得不快乐。如果时间还充裕，这里可以谈一谈"焦虑"，它就是驱使艺术家发挥创造力的源泉。

创造性的婚姻生活

似乎有必要基于这样一个事实进行讨论，即婚姻中的一方或双方经常会有一种激情不在的感觉。尽管这种体验很寻常，但对生活中所有其他可以探讨的事情来说，有那么一些不值一提。但此时此地，我想当然地认为，并不是所有的已婚夫妇都觉得他们可以既富有创造力，又能维持婚姻生活的甜蜜。两人中总有一方会发现自己被卷入了一个过程，这个过程可能最终导致其中一人生活在一个真正由另一人所创造的世界中。在极端情况下，这一定会让人感到非常不舒服，但我想，在大多数情况下，情况并没有那么极端，尽管它总是潜在的，并且可能时不时地猛然出现。例如，整个问题可能隐藏在几十年的育儿过程中，并以中年危机的方式浮出水面。讨论这个问题可能有一种相当简单的方法，那就是从表面开始。我认识一对夫妻，他们已经携手走过了许多年，并养育了好几个孩子。在他们结婚的第一个暑假里，一起度过了一个星期之后，这个男人说："我打算出海一周。"他的妻子则说："巧了，我喜欢旅行，所以我也要收拾我的行李去了。"他们的朋友则举手道："我可看不出这桩婚姻有什么未来！"然而，这个预言未免也太消极了，这对夫妻的婚姻生活其实非常甜蜜，其中最重要的一点是，在这一周里，这个男人提升了航海技能，享受了乘风破浪的快乐，而他的妻子则提着手提箱走遍了整个欧洲。在剩下的五十多个星期里，他们有很多事情要告诉对方，而且他们发现用半个暑假的时间分开旅行还可以使感情升温。

有很多人不喜欢这样。关于人类，没有一条普遍适用的规则。然而，这个例子可以说明两个人有多不介意离开彼此，并且沿途还有了很多收获。如果他们害怕离开对方，他们就会很容易对婚姻生活感到厌倦——这种厌倦感源于他们未能创造新生活。创造性生活本质上来自个人体验，而非伙伴关系，尽管伴侣之间可能会激发创造力。

实际上，如果我们观察任何一个恩爱如昔的家庭，就会发现空间感有多重要。我不需要描述具体细节：妻子是如何演奏小提琴的，丈夫每周是如何花一个晚上和几个朋友在酒吧喝香迪啤酒等。人的正常状态或健康状况千变万化。如果我们决定谈论难处，可以肯定的是，我们会发现这些人的生活极其无聊、单调，这表明某个地方出了问题。这里面有一种强迫性的因素，这种强迫性因素背后还有一些深层次的恐惧。许多人没能发挥创造力，是因为他们被一种强迫感所困扰，这与其自身的过往经历有关。我认为只有和那些在这方面相对幸福的人，也就是那些不受强迫感驱使的人，我才可以轻松地谈论婚姻中的障碍。对于那些受困于一段关系的人，没有人能给出有用的建议，你也不可能做每个人的治疗师。

在两个极端——那些婚姻生活富有激情的人和那些婚姻生活趋于平淡的人——之间，肯定存在着某种边界线，并且我们中的很多人恰好就处于这一边界线上。我们非常快乐，也可以富有创意，但我们确实意识到，个人冲动与任何具有可靠性的关系的妥协之间，存在着某种内在冲突。换言之，我们又再次谈论了现实原则，最终当深入探讨我们的论点时，我们会发现自己在不丧失个人冲动的情况下，重新审视了个人对外部现实的接纳。这是人性的基本问题之一，一个人正是在这些方面有所收获，才奠定了他自己情感发展的早期阶段。

有人会说，我们经常以有多少孩子，或两个伴侣建立起来的情谊来谈起一段婚姻关系的成功。我们在这些问题上很容易变得油嘴滑舌，我知道你们不希望我停留在这种肤浅的层面之上。如果我们谈论性，毕竟这是婚姻关系的核心，那么，我们就会发现，到处都是痛苦。在性生活中，各自都有创造性生活的已婚人士的确并不常见。已经有很多文章都提到了这一点，也许这是精神分析师的不幸，因为他比大多数人都更了解这些困难和随之而来的痛苦。精神分析学家不可能让人们在结婚后仍陷入幸福生活的妄想中，至少性生活骗不了人。当两个年轻人坠入爱河时，每天都性致高昂，贪欢逐乐——这种状态会持续一段时间（也许是很长一段时间）。这确实有益健康，当年轻人亲身体验到这一点时，我们也会为他们感到高兴。但如果向他们宣扬在婚姻中永葆激情就大错特错了。有人戏称道："这世上有两种婚姻，一种是女孩在走向圣坛的路上就已经知道嫁错了人；而在另一个例子中，她在回去的路上才知道自己嫁错了人。"但这其实没什么好笑的。当我们让年轻人开始相信婚姻意味着永恒的爱情时，问题便出现了。但我不愿意反其道而行之，打破年轻人的幻想。这是一桩违背本心的买卖。如果一个人一直以来都是快乐的，那他就可以承受痛苦。这与我们所说的婴儿只有拥有过妈妈的乳房，或相当于乳房的东西才能断奶是一样的。除非建立在幻想的基础上，否则是不会出现幻灭感的——即接受现实原则。当人们发现性体验越来越成为夫妻中一方的创造性体验时，这确实会给人一种可怕的挫败感。有时性生活在起初便不如人意，它反而会起到很好的促进作用，然后两个人会逐渐达成某种妥协，或者相互让步，最终双方都会有一些创造性的体验。

不得不说，性体验是健康的，也是很有益处的，但如果认为解决生活问题的唯一办法就是性体验，那就错了。当性作为生活的一种调味剂，也是一种屡试不爽的治疗方式时，我们需要留意到底什么才是潜在的事物。

在这里，我想提醒你们投射和内摄这两种特殊的心理机制：我指的是认同自己与他人以及他人与自己的功能。正如你所料，有些人不能使用这些机制，但如果他们愿意的话，有些人也可以使用这些机制，还有一些人无论他们愿意与否，会强迫性地这样做。用通俗易懂的话来说，就是能站在他人的立场上，拥有一种同情和同理心。

显然，当两个人以婚姻这种密不可分和公开的纽带生活在一起时，他们都会通过另一个人拥有更全面的人生。在健康状态下，这可以根据具体情况加以利用，也可以不加以利用。但是，一些夫妇会发现自己在赋予对方身份时不够灵活，而在其他情况下，还是存在一定的流动性和灵活性的。显然，如果男女都能在性体验中担任自己的性别角色，就会很方便了。然而，不仅仅是行动，还有想象，从想象的角度来说，生活中没有任何部分是无法被移交或接管的。

有了这个想法，我们就可以看看创造力的特例。当涉及性别功能的审视时，没有太多内容可说：父亲和母亲谁更有创造力？我不想研究。我们可以把这个问题放在一边。但就在实际功能这一领域，我们必须记住的是，婴儿可能是通过非创造性的方式受孕的——也就是说，人们没有预料到他的到来，甚至连一丝想法都无。另一方面，当双方都想要婴儿时，婴儿就降临到人世间了，来的时机刚刚好。在《谁害怕弗吉尼亚·伍尔夫？》中，爱德华·阿尔比（Edward Albee）研究了一个未出世婴儿的命运。无论是在戏剧还是电影中，这都是一项了不起的研究啊！

但我暂且不想再继续谈论实际的性和婴儿这个问题，因为我们所做的一切都可以通过创造性或非创造性的方式完成。在此，我想再次探讨这个主题：个人能创造性地生活这一能力究竟从何而来。

继续探讨——创造性生活的起源

这是一个老生常谈的故事了。我们是什么样的人在很大程度上取决于我们的情感发展到了何种程度，或者说我们被给予了多少历练，以便能在与客体关联的早期阶段中走得更为长远。

在我看来，无论是在个人生活中，还是在与伴侣、孩子、朋友等关系中始终保持创造力的人都是幸福的。没有什么是在这个哲学领域之外的。

我看到了一个钟表，但只看到了时间；也许我甚至连时间都未曾看到，只注意到了表盘上的形状；或者我什么也没看到。另一方面，我可能隐约看到了一个时钟，然后幻想出一块表来，因为我有证据表明，实际的时钟就在那里，所以当我感知到真实存在的时钟时，我的思绪已经百转千回。因此，当我看到时钟时，我创造了时钟，而当我看到时间时，我也创造了时间。在我把这个令人不舒服的功能交给上帝之前，每一刻我都拥有这一无所不能的体验。

这可能会与你的认知不符。逻辑在某一点上会表现为非逻辑。就连我也无法左右——这就是我想研究的。

婴儿准备好去发现一个由客体和思想所组成的世界，并且随着婴儿的成长，母亲正在向婴儿展示这个世界。这样，通过她起初的高度适应性，母亲使婴儿体验到无所不能，并真正找到自己创造的东西，能够创造并将其与实际联系起来。最终的结果便是，每个婴儿都通过创造一个新的世界来开启自己的人生。到了第七天，我们希望他能开心点，并安静片刻。这是事情进展很顺利的情况——其实，进展往往都很顺利。但是，如果创造出来的东西要实现，那就必须有人在那里。如果没有人来做这件事，那在极端情况下，这个孩子会患上自闭症，完全进入创造的空间，并对人际关系兴致缺乏，表现得十分顺从（这是儿童精神分裂症的症状）。

然后，现实原则可能会被逐渐引入，而已经了解了全能感的孩子会体验到世界所强加的局限性。但到那时，他或她能够以代偿的方式生活，使用投射和内摄机制，让另一个人成为管理者，并移交全能感。最终，个人放弃了做轮子或整个齿轮箱，而是做一个齿轮，这样任务更轻松了。大家帮我写一首人文主义的赞美诗吧：

哦！成为一个齿轮。

哦！集体站立。

哦！与他人和谐相处。

哦！结婚时也不要失去成为世界创造者的想法。

一个人若不是从全能感体验开始，就没有机会成为一个齿轮，他必须继续推动全能性、创造性和控制力的发展，就像试图出售一家虚假公司的垃圾股票一样。

在我的文章中，我提出了很多与过渡性客体有关的概念：它可能是你的孩子刚刚抓住不放的东西，也可能是一块曾经属于宝宝床罩上的布，或者是一条毯子或母亲的发带。它是第一个象征，代表着基于母亲的可靠性和能力的体验，通过母亲对婴儿的认同，了解到婴儿需要什么，从而使婴儿和母亲结合在一起。我说过这个客体是婴儿创造的。我们知道我们永远不会去质疑这一点，尽管我们也知道它在婴儿创造它之前就已经存在了。（它甚至可能已经由兄弟姐妹以同样的方式创造过了。）

与其说“索取，然后得到”，不如说是“伸出手，它就会在那里，任你取用和挥霍”。这就是开始。它必须在引入现实世界和现实原则的过程中被丢弃掉，但在健康状态下，我们设计了各种方法来重新获得来自创造性生活的意义感。缺乏创造力的症状是觉得什么都没有意义，一切都是徒劳的，我什么都不在乎。

我们现在能够审视创造性生活，并在这样做时秉持着一个始终如一的理论。这一理论让我们看到了创造性生活这一主题本身就很难被理解的一些原因。我们可以看看构成创造性生活的普遍特征或细节。

可想而知，我试图进入一个层面，即使不算是真正的基础层次，那么至少也算是一个深度层次。我知道若想烹饪香肠，方法之一便是去问问贝顿夫人[①]（或在周日拜访一下克莱门特·弗洛伊德），另一种方法是拿一些香肠，试着去烹饪，即使你没有任何下厨经验。在任何情形下，结果可能都是一样的，但与富有创造力的厨师生活在一起无疑更令人愉快，即使有时会烧掉厨房，或做出什么黑暗料理来，让人怀疑最难吃的香肠也不过如此。对此，我想说的是，对于厨师来说，这两种体验是不同的：盲目跟从食谱书上的步骤除了更加依赖权威外，什么体验都得不到；而原创的感觉会更真实，人们会对烹饪时脑海中出现的奇思妙想感到惊异。当我们对自己都感到惊讶的时候，我们就是有创造力的，我们会相信自己其实拥有那令人意想不到的独创性。我们不介意食客没有注意到烹饪香肠时发生的异象，或者他们没有表现出对香肠口味的认可。

我相信，如果一个人有创造力，并且有能力，那没有什么事情能难倒他。但是，如果有人的创造力濒临枯竭，那他要么选择亦步

① 作家伊莎贝拉·贝顿编纂并发行了《贝顿夫人的居家指南》，书中搜集了全英国家庭主妇的食谱。——译者注

亦趋地顺从，要么就不断开发自己的创造力，直到烹制出的香肠味道特别惊奇，或实在是令人难以下咽。

正如我已经指出的那样，我相信这是真的，无论个人的装备有多么简陋，其体验都可以富有创造性，可以令人兴奋，因为前方总有一些新的和意想不到的东西。当然，如果一个人很有个性和天赋，那他们的画作可能价值 2 万英镑，但对于更多寂寂无名的人来说，就算画出像毕加索那样的画也只是在拙劣地模仿。要像毕加索那样画画，就必须得是毕加索本人才行，否则创造性根本无从谈起。从定义上讲，团体中的逢迎者是顺从的，令人提不起兴致，除非他们在寻找某种东西，他们需要毕加索的勇气来支持他们的原创性。

事实是，我们创造的东西其实已经存在了，但创造力存在于我们通过概念和统觉形成感知的方式中。所以当我看向时钟时（正如现在），我创建了一个时钟，但我必须很小心地不去看那些表，除非我已经知道那儿有一个时钟，否则我就不会看到时钟。别急着驳斥这段荒谬的对话，试着研究并付诸实践吧。

为了帮助大家去理解这个问题，试想一下，如果天黑了，我又筋疲力尽，或者有点精神分裂，我可能会看到一块并不存在的钟表。我可能看到墙上挂着什么东西，甚至可以从表盘上读到时间，而你可能告诉我，那只是某人的头投在墙上的影子而已。

对一些人来说，因为不想被发现自己像个疯子、产生了幻觉，他们会保持理智，坚持所谓的共享现实的客观性。此外，其他人也允许自己假装他们的想象是真实的，能够被分享。

我们可以让世界上形形色色的人与我们生活在一起，但是如果我们要变得富有创造力，冒着用随之而来的创意来为自己的冲动买单的风险，那我们就需要其他人也保持客观。

有些孩子必须事事听从父母或照看者的话，无法过上随心所欲的生活。这扼杀了他们的童趣和天真。又或者，他们会发展出一种后退的策略。

一个含义丰富的主题便是为儿童提供一个机会，让他们在家里和学校过上自己拿主意的生活，道理不言自明：那些自我意识较强的孩子，恰恰也是最好管理的。这些人并没有因为现实原则而一蹶不振。

如果我们正式与某人结为伴侣，我们可能会允许各种方式和程度（正如我所说）的投射和内摄，妻子会欣赏丈夫的上进心，丈夫也可以享受妻子的厨艺。因此，通过这种方式，婚姻这一正式的结合扩大了我们创造性生活的范围。如果你更快地完成了这些家务，那也算是一种创造性生活。

我不知道你对我笔下及引用的观点有多少认同。第一件事是，我不能仅仅通过与你的谈话就让你变得富有创造力。如果你没有或已经失去了在生活经历中给自己制造惊喜的能力，那么我也无法通过谈话为你提供任何帮助，而你也很难通过心理治疗获得帮助。但重要的是，对于个人而言，了解其他人（尤其是我们的孩子）创造性生活的体验，总是比做得好要更为重要。

我想澄清的是，创造性生活的方方面面都涉及一个哲学困境，因为在我们的理智中，我们只能创造我们已经发现的东西。即使是在艺术领域，我们的创造力也不是源源不断的，除非我们在精神病院或孤独症中独自煎熬。艺术形式或哲学上的创造力在很大程度上取决于对现存事物的研究，而对环境的研究正是理解和欣赏每个艺术家的线索。正是这种创造性的方法让艺术家看起来更加鲜活，其作品的意义更为深远，即使从公众的角度来看，他所做的事情是失败的。公众仍是他不可或缺的一部分，就像他的天赋、训练和所用工具一样。

所以我的主张是，只要我们个人较为健康，我们就不必生活在我们的婚姻伴侣所创造的世界里，我们的婚姻伴侣也不必生活在我们所创造的世界里。我们每个人都有自己的私人世界。此外，我们通过各种程度的交叉认同来分享经验。在现实世界中，当我们把孩子或婴儿作为有创造力的个体抚养长大时，我们必须使自己不那么有创造性，变得更顺从，适应性更强。但从总体来说，我们绕过了这个问题，并发现它不会要了我们的命，因为我们认同这些新人，如果他们也要实现创造性生活，他们同样需要我们。

总和，我是

1968 年 4 月 17 日，在伦敦帕特尼的怀特兰举行的复活节会议上向数学教师协会发表的讲话

当然，此时此刻，我最好坚持我的最后一个观点，即儿童精神病学和儿童情感发展理论是属于精神分析领域的，因此最终会追溯到弗洛伊德身上。在我自己的工作中，我确实获得了一些见识，我有专业知识，也积累了经验。但在数学和教学领域，我就是个生手了。你们的新学生知道的都比我多。当然，我本不会接受塔塔先生和你们的邀请，不过在他的第一封信中，他似乎知道我从事的是另一个完全不同的专业，他只是希望能从我这里得到一些我碰巧培育的花园生态学的相关评论。

我完全被我的标题“总和，我是”吓到了，我生怕人们认为我是一个古典学者或词源学大师。几个月前，当我被问到一个标题时，我想：“好吧，我会谈谈‘我是’这个发展阶段，所以把这个词和拉丁词‘总和’（sum）联系起来大概是合理的。”“这是一语双关？……”[那是卡尔弗利（Calverley），我可没这么博学。]

我的工作就是做我自己。我应该说些什么呢？我又如何在给你们这一部分的同时，不至于失去整体性呢？我必须假设，你们允许我存在一个完整性和某种程度的成熟，我们称之为整合，而我必须做出选择，向你们展示组成我这个统一体的一个或两个元素。

我现在已经有了莫大的信心，因为我知道这些问题是研究个体人格的学生会关心的，也是数学家会关心的，其实数学就是脱离肉体的个体人格。

总之，当我说人类发展的核心特征是达到并维持在“我是”这个阶段，我知道这同时也是对算术这门学科或（可以说）“总和”的核心事实的描述。

你们应该已经意识到，从我的天性、受到的训练和经历的实践可以看出，我是一个善于思考的人。当我看到一个男孩或女孩在桌子旁做加法、减法和乘法运算时，我看到了这样一个人——他或她在发展过程中已经有了一段很长的历史。并且，我知道，他或她可能存在某种缺陷或异化，或是为了应对必须接受的缺陷而形成了扭曲，或者那些看似完备的发展中可能存在某种程度的不稳定。我看到了独立性的发展，看到了完整性概念的新含义，如果这个孩子活了下来，这可能会成为孩子既定的未来，也可能不会。此外，我也一直心系依赖以及如何让环境继续发挥作用——环境原本是极其重要的，即使当个体通过与环境特征识别的方式而走向独立，环境也具有重要意义。这种走向独立是指一个孩子长大了结婚并抚养后代，或者开始参与社会生活和维护社会结构。

这是我从中领悟到的，当然，你们也可以在此基础上继续研究，因为如果我们坚持到最后，如果我要做我的工作，就不能指望你关注人的发展过程，更不用说有效地展开工作了。

我们很难记住人类个体如此现代的概念。为了形成这一概念而进行的斗争，可从早期希伯来人对上帝的称呼中窥见。一神论似乎与“我是”有着千丝万缕的联系。我就是我。（“我思故我在”与此不同：“总和”在此意味着我有一种作为一个人的存在感，也就是说，在我的头脑中，我觉得我的存在已经得到了证实。但我们在这里关注的是一种无意识的存在状态，撇开那些自我意识中的智力练习不谈。）对上帝的这个称呼不正反映了个人在达到存在状态时所感受到的危险吗？如果我存在，那么我已经把这些和那些都收集到了一起，并声称它就是我的，我已经否认了除此以外的那些东西。可以说，我在否认那些非我之物时，侮辱了全世界，那我一定会受到攻击。因此，当人们第一次想到个性的概念时，他们很快把其归咎于神明的旨意，并发出只有摩西才能听到的声音。

这准确地描述了每一个到达“我是”阶段的人所固有的焦虑。你可以在玩海滩游戏“我是城堡之王”时看到它的作用。针对这种预期攻击的防御接踵而至："你这个肮脏的捣蛋鬼！"或者"趴下，别再捣乱了"。贺拉斯对这个儿童游戏做出了如下解读：

> 国王将是正确的焦点；
>
> 不这样做的人不会这样做。

当然，这是"我是"阶段的一个复杂版本，只有国王的名号才与之相称。

可能有人会好奇，在一神论之前怎么就有了总和？我想表达的意思是，除非人成为一个"单元"，否则"单元"这个词没有任何意义。在另一个语境中，我们将讨论第一人称代词"I"的使用，我相信在儿童语言中，代词"我"的主格（I）和宾格（me）通常排在第一位。然而，这里的问题并不明确，因为口语可能早在语言的理解之前，而高度复杂的心理过程则远远领先于口语化之前的时代。

你们轻易就能明白我的意思：算术是从"一个"的概念开始的，而这个概念是从每个成长中的孩子身上衍生出来的，并且必须从"单元自我"中衍生出来，这个状态代表了个体获得了一种成长，一种确实可能永远无法实现的状态。

在继续讨论之前，先处理一个很重要又很复杂的问题。如何处理分裂的智力过程？撇开个人有没有实现那种单元状态不谈，高等数学可以在这里发挥作用。在其他领域，我们也遇到了同样的问题。

举个例子，一个遗嘱认证部门的法官，他在没有立遗嘱的情况下死亡（当他想起立遗嘱时，为时已晚）；或者哲学家不知道今天是几号、星期几；或者著名的物理学家，例如剑桥大学三一学院的已故大师可能一只脚踩在人行道上，而另一只脚踩在排水沟里。（因此，在特兰平顿街的人行道和马路之间需要一条霍布森小溪将它们相隔开来，至少我在莱伊上学时，对此是深信不疑的。）

让我从个人发展的角度来看这个问题。（顺便说一句，我已经详细阐述过这一点，我发现除了用漫画的形式外，很难通过寥寥数语去解读它。）这里有一个嗷嗷待哺的婴儿，如果有人给他喂食，那婴儿将不再哭闹不止。但如果喂食被耽搁了 x 分钟，那当再给他喂食时，已失去了意义。那么问题来了，喂食失去意义的那一刻来得有多突然呢？

我们以两个孩子为例：其中一个经测试显示有很高的智商，而另一个则低于平均水平。这个有天赋的婴儿很快就能从吵吵嚷嚷的环境中知道有人正欲给他喂食。无须语言表达，婴儿心里清楚："马上就要吃饭了，所以，再坚持一下！很快肚子就不会咕咕响了。"而先天条件较差的婴儿，更多的是受母亲适应能力的影响，而且时间 x 对他来说更是一个确切的数字。

你能从中看出智力有助于提升个体对挫折的容忍度吗？从这一点可以看出，母亲可以利用婴儿的智力功能，使自己从这个婴儿对她的依赖中解脱出来。目前为止所有的一切都很正常，但如果婴儿智力远远高于平均水平，那婴儿和母亲可能会合谋去开发智力，而这时这个婴儿的智力也会被分裂，即从心身存在和生活中分离出来。

不仅如此，心身领域还有一个会带来困难的因素：婴儿会开始在分裂思想的生活中发展一个虚假的自我，而真实自我是心身合一的，是隐藏的，也许也是迷失的。因此，虽然孩子学了高等数学，但却不知道该如何使用一分钱。

帮助我了解到这一点的是一位病人，她在五六岁时轻轻松松就教会了我“哈梅林的魔笛手”（The Pied Piper of Hamelin），但她对自己却越来越不自信。因此，为了那些流离在外的分裂智力（她的父母曾对此十分自豪），最终她接受了治疗，并找到真正的自己。六七岁时，她为一本家庭杂志向她的保姆口述了一个孩子的故事，显然，那个孩子就是她自己，她在学校表现很好，但精神方面却出了问题。当她在治疗中获得顿悟和解脱时，她已经五十多岁了。

我承认高智力的确是一件好事，但我也阐述了高智力带来的负面影响，在对人格的描述中，我需要考虑到分裂的智力所带来的惊人成就，但同时还不能忽视对个人心身存在的影响。

在一百年前，人们还在谈论心灵和身体。为了使智力分裂处于支配地位，他们不得不假设有灵魂存在着。现在我们可以从灵魂所在躯体中的灵魂开始，从人格结构的这个基础开始，探讨分裂的智力的概念，在极端情况下，一个智者可以在不以人类为参照的情况下，出色地发挥作用。但只有通过适当地吸收经验，积累教训，人类才可能获得智慧。而智力只知道如何谈论智慧。

因此，从上述观点来看，在分裂的智力中，除了可能由计算机决定的部分，加法和减法，除法和乘法是没有限制的，这里所说的恰巧就是人类的大脑，毫无疑问，它非常像你所发明并在专业中所使用的计算机。但是，一个人能够感到认同的总和是有限度的，这个限度属于个人已经达到并能够维持的人格发展阶段。

我们已经开启了一个大主题。问题是我不知道该在哪里停下来，毕竟有很多话要说。

先来看看除法吧。

在分裂的智力中，除法并不困难。事实上，除了计算机和编程，除法确实也没多难。这不是生活，它是从生命中分离出来的。但是，让我们考虑一下，个人是如何达到可以做除法这个阶段的？基于单元状态，即对每个人情感发展的健康的关键成就，单元人格可以与更广泛的单元——例如家庭、家或者房子相认同。很快，单元人格便成了更广泛的整体概念的一部分。很快就会成为一种不断扩大的社会生活的一部分，以及政治事务和所谓的“世界公民”的一部分（但只会出现在极少一部分人身上）。

这种可除性的基础就是单元自我，可能被移交给了上帝（因为害怕攻击）。所以我们又回到了一神论，回到了单一、单独、唯一的意义上来；一分为三，三位一体！三口之家也是最简单的家庭结构。

当你们谈及“总和”时，你们必须面向孩子们的本体，你们肯定会认出以下这三种类型：

1. 那些容易从“一”开始的人。

2. 那些未达到单元状态，“一”对其毫无意义的人。

3. 那些操纵概念的人，那些被一套关于英镑、先令和便士的陈词滥调所束缚的人。

你们会让这些孩子去学习计算尺和微积分，那为什么让他们学会计算，而不是仅靠猜测呢？这样一来，就可以把他们自己作为计算机来使用。我不明白为何在算术中，人们非常重视答案的准确性。那猜谜的乐趣从何而来？玩转那些奇巧淫技的乐趣又从何而来？我想你们在教学理论中已经考虑到了以上这些问题。

在我看来，你们不能期望一个还没有达到单元状态的孩子可以享受到碎片的乐趣。对于这样一个孩子来说，这些代表着混乱的东西都令人望而生畏。那你们又该做什么？在这种情况下，你们可以先把算术放在一边，然后尝试提供一个稳定的环境，使得不成熟的孩子能够实现某种程度的个人整合（尽管这一过程可能姗姗来迟，且令人讨厌）。也许这样一个孩子的注意力会被一只老鼠给深深吸引。这也算一个很好的算术，即使老鼠身上臭烘烘的。通过这只老鼠，孩子可以获得自我无法实现的完整性。而且，老鼠可能会死。这是非常重要的。除了整体的死亡，就没有其他的死亡了。反过来说，个人整合的整体性同时带来了死亡的可能性，甚至是确定性。随着对死亡的接受，人们可以得到极大的解脱，可以不再恐惧其他可能性。健康的孩子想必比成年人能更好地面对死亡。

也许另一个项目——个人的进程与环境的相互作用，可以更好地描述发展。有时，这指的是先天与后天之间的平衡。在思考这一问题时，大多数人倾向于站队，但实际上，没有必要偏袒其中任何一方。

人类的新生儿天生便具有生长和发育的趋势，包括发育的定性方面。可以说，婴儿1岁时会说三个词，十六个月大时就可以开始走路了，2岁时能开口说话。这些是格里纳克提出的发展节点，在节点的时间跨度内，孩子会自然而然地到达每个发展阶段。

这说起来虽挺好理解，但却忽略了依赖性这一重要事实。对环境的依赖在起初几乎是绝对的，但很快就会成为相对的，总的趋势是走向独立。环境方面的关键词（与“依赖性”一词相对应）是“可靠性”——即人的可靠性，而不是机械的可靠性。

“母亲对婴儿需求的适应性”是一项引人入胜的研究，研究表明，母亲一开始就有很强的适应性能力，可以通过认同婴儿的能力来了解婴儿的各方面需求。她以一种渐进的方式去适应（因为随着时间的流逝，她的适应性会逐渐下降），很快，她就会试着去摆脱对一个孩子及其需求的全身心投入。如果没能为婴儿提供这种人为的环境，那婴儿就无法顺应遗传趋势，达到第四个发育等级。你可以把这句话翻译成适合不同学龄儿童的语言。

在这个高度复杂的研究领域中，产生了与这个基本问题有关的一个问题，即统一性的概念。

对婴儿来说，统一性首先是包括母亲在内的统一。如果一切顺利，婴儿就会开始感知母亲和所有其他客体，并将它们视为非我，所以现在只有“我”和“非我”。（“我”可以接受并包含“非我”元素。）只要母亲的行为在适应和去适应这两个方面做得足够好，“我是”这个开始阶段就能在婴儿的自我建立中实现。因此，在这方面，她首先是一种妄想，并且不舒服的“我是”单元需要被代替，这涉及原单元合并后的损失，这是安全的。如果母亲的自我支持使婴儿的自我变得强大，那么婴儿的自我就是强大的。否则，它就是脆弱的。

那这方面的障碍是如何影响算术的学习和教学的？当然，他们可能会影响师生之间的关系。所有教师都需要知道这一点，他们关心的不是学科教学，而是心理疗愈。这种疗愈是指完成那些未完成的任务，而那些未完成的任务恰恰代表着父母及抚养人的失职。在此提到的任务是在需要的地方给予自我支持。与之相反的行为是嘲笑孩子的失败，尤其是当这些失败代表着对前进和胜利的恐惧时。

师生关系的重要性众所周知。这也是精神病医生在研究教学问题时往往最先入手的。老师若是不可靠，所有的孩子几乎都会饱受摧残。当一个孩子告诉我们算术（历史或英语）很难时，我们首先想到的是老师的教学风格可能并不适合他。老师的讽刺使得许多孩子的学习进度停滞不前。尽管如此，我也不会轻易去责怪老师。原因往往在于孩子在没有安全感或过于敏感时，无论老师多么小心，孩子都会变得多疑。每一个案例都值得仔细审查，因为没有两个孩子是完全一样的，即使这两个孩子在数学方面都遇到了困难。

我想从个体发展理论的角度来审视教学理论，但我必须先谈谈其他观点。在数学教学中，一个人也许会通过孩子的玩耍姿势抓住其创造性冲动，然后我们就可以利用这一点以及孩子伸手去够的欲望，通过教学让孩子吸收这些知识，直到孩子暂时不再伸手，这一定很有趣。有时，这种工作在个别辅导中可以发挥出极好的作用，尤其是在需要做一些修复工作的地方，因为孩子有过不幸的经历，甚至是糟糕的填鸭式教学。

创造力是游戏中固有的，可能也是仅有的。一个孩子的游戏可能是轻轻转头，去看窗帘和挂在外墙上的一条绳子之间的互动，一会儿是一条线，一会儿是两条线，这可能会让孩子（或成年人）乐此不疲地玩上数个小时。在你眼中，一个用两只乳房喂养的婴儿是否知道“二”这个概念，或者仅仅把它理解成“一”的重叠？你也许能理解这些游戏活动，但我不知道如何去解释。我想你知道这些问题的答案。而我必须回到我的最后一个话题，那就是对患病儿童的精神病学治疗，以及如何去构建一个更好、更准确且更实用的关于人类个体情感发展的理论。

最后，我想问的是，为什么数学能成为连续教学的最佳范例？如果一个阶段被遗漏了，那其余的都是空谈。我认为，春季学期频发的水痘是许多数学教学失败的罪魁祸首，如果你有时间，你可以指导孩子补上他在家里或隔离期间落下的课程。

可能我的演讲在你们看来是一团糟。但是能够参加这样一个跨学科的活动就已经让我心满意足了。谁知道这样的跨学科交流会带来怎样的结果呢？

虚假自我的概念

1964 年 1 月 29 日，在牛津大学万灵学院，给牛津大学团体“犯罪——一种挑战”准备的未完成的演讲稿

我以前有幸谈到过“犯罪——一种挑战”这一主题，因此我发现你们的演讲主题范围广泛，而不一定非得是与犯罪有关的主题。然而，这给我出了一道难题，因为如果我可以尽情地谈论任何事情，那我又将如何选择呢？

六个月前，当你们邀请我在本学期做演讲时，我提出了真实自我和虚假自我这两个概念，现在我必须努力地把这个概念变成一个你们觉得值得探讨的话题，这样会更有成就感。

谈论犯罪是很容易的，因为我知道你们都不是罪犯。然而，我

该如何谈论这个我所选择的主题，而不显得是在布道呢？因为在某种形式上，或者在某种程度上，我们每个人都以这种方式被划分为真实的自我和虚假的自我。事实上，我需要把正常和不正常联系起来，如果在这个过程中我看起来像是在说我们所有人都有病，或精神病是正常的，那请你们多多见谅。

这个话题的中心思想已经没什么新鲜东西可谈了，这一点想必大家都没什么异议。诗人、哲学家和预言家一直在关注真实自我的概念，而对自我的背叛就是一个典型的不可接受之事。莎士比亚为了保持谦卑之心，通过波洛尼厄斯[①]这个坏家伙之口，把收集到的一堆真理移交给了我们。通过这种方式，让我们听取他的建议：

> 最重要的是：对自己要诚实，
>
> 它必须跟随着你，就像黑夜过后是白昼，
>
> 这样，你就不能欺骗任何人。

你几乎可以引用任何一位诗人的话告诉我，这是那些自我意识强烈的人最喜欢的主题。此外，你也可以向我指出，当今的戏剧界正在寻找一个答案：在方正、感性、成功或光鲜的事物背后，真正的核心是什么？

我假设同样的主题围绕着人的整个青春期，甚至包括那些牛津

① 这是《哈姆雷特》中的一个角色。他是一位世故的御前大臣，阻挠哈姆雷特与女儿奥菲莉娅之间的爱情。

大学和剑桥大学的学子。现在这里可能有一些人和我一样，被同样的问题困扰着，但我想我不会提出任何解决方案。如果我们有这些个人问题，我们就必须去忍受它们，来看看时间能为我们带来怎样的个人进步，而不是解决方案。

你知道，我大部分时间都用在病人身上——进行精神分析，抑或关照患有精神疾病的儿童。当我环顾目前在我护理下的那些人时，

个问题。也许在成熟的概念或个体成年健康与

存在某种联系。就好像在多年进退两难之后，

现眼前的怪兽原来是一只独角兽。

只是想表明每个人都有一个礼貌的或社交化

人的自我——只有在亲密关系中，你才能

种现象很常见，故称得上常态。

会发现在健康状态下，这种自我分裂是个

状态下，这种分裂可以侵入任何心灵的深

为精神分裂症。

是一个普遍存在的问题，也是最重要和最

，我和一个孩子的访谈给我留下了很深

孩，是我同事的儿子，现在遇到

也从小家庭和睦，衣食无忧，但

仍改变不了这样一个事实，那就是他和其他人一样生活艰难。他目前的特殊问题是，在经历了连番的困难和失意之后，他在学校里的表现有所好转。他开始好好学习了，也取得了好成绩。大家都很高兴，称他为“20 世纪的奇迹”。然而，随着情况慢慢好转，一个复杂的问题出现了，那就是失眠。他对非常理解他的父母说：“问题就出在我需要在学校里好好表现。这太可怕了，太没男子气概了。”他在床上辗转反侧，思绪千万，甚至想到了他父亲和他自己的死亡。他经常想起历史上的某个人物——他努力工作，但 16 岁时便去世了。这个男孩非常明确地谈到了他的担忧和性格变化之间的联系。那是在他第一次在学校取得“好成绩”之后。当他下车时，他突然有了一种新的恐惧，对于眼前之人会来杀了他的那种恐惧。甚至一想到自己会被杀掉，他还会感到由衷的喜悦。他说：“我睡不着，因为如果我闭上眼睛，就会被刺伤。”

为了使案例契合我们的主题，我在此省略了很多内容。在一次简短的采访中，他告诉了我他的梦。其中有一点尤其引人注意。他画了一幅画，画上的他和一个持剑杀手一起躺在床上，然后他吓得自己坐了起来，用手捂着嘴，而杀手正要把剑插进他的体内。你可以从中看到谋杀和标志性的性攻击的混合体，对这个年龄的男孩来说，这个梦也太离奇了。关键是，在跟我谈论这些事情时，这个 10

岁的男孩向我解释道，如果他在学校里好好表现，父亲就会对他更和颜悦色点，但过了一段时间，情况恶化。他变得目中无人，故意违抗大人的指令。他不喜欢和父亲吵架，所以选择时不时地惹怒老师。通过这种方式，他才能感到一种真实。如果他乖乖听话，杀手就会再次出现在他的梦中。他很害怕。与其说他害怕的是被谋杀，倒不如说是想被谋杀，这让他觉得自己脆弱不堪，不如一般男子汉勇敢坚毅。

你看，他确实有一个问题，一个很常见的问题，但也许是因为他和父母之间的关系还算融洽，所以他才能够清晰地表达自己的困惑和恐惧。换言之，他可以利用一个虚假自我来让每个人都满意（不包括取悦自己）。在某些情况下，这会让人感觉不真实，但对这个男孩来说，问题在于他感到自己受到了威胁，就好像他要变成一个女性，或者在一次袭击中死去。因此，他受到了一种强烈的诱惑，想要重申一些更接近于真实自我的东西，并不断试着去挑衅他人，令其失望，尽管他从中也讨不到什么好处。

我举这个例子是因为我认为这个男孩很正常，且它证明了我已经提出的观点：解决这个问题是青少年需要完成的事情之一。你可能会意识到，在你认识的人中也出现了同样的问题，他们可能是个尖子生，获得了一流的荣誉学位，成就令人艳羡，但他们总觉得某事不够真实，因此为了建立一种真实感，他们成了社会中的不安分因子。他们故意把事情都搞砸，让每个人都对其失望。

这就是考试的可怕之处，从某种意义上来说，所有的考试都是一种启蒙仪式。它从小升初考试开始，再是中考和高考。似乎被测试的不仅仅是个人的智力水平（其实可以通过智商测试来更准确地测出一个人的智力水平），还包括个人在某种程度上遵守和容忍虚假行为的能力。在某种程度上，为了达成世俗意义上的成就，学生的特权和义务为其提供了一个非常特殊的位置（但不幸的是，这个阶段并不是永久的），过了这个阶段之后，他们便踏上了人生的新征途，这些东西也就派上了用场。

你可能会觉得，世界上的有些人为了获得些许的优势，很容易就能让自己去容忍和顺从他人，而其他人对于同样的问题，则会变得愤懑不满。自然地，如果有人对这些事情百思不解，前来寻求建议，那咨询师就必须站在真实自我（或者你可以选用任何你喜欢的词）的一边。每当在这个主题上出现无法解决的问题时，局外人必须始终尊重个人的完整性。然而，如果你作为父母，你自然希望真假自我的斗争不必在“教”和“学”这个词所涵盖的领域内进行。在这一领域，可收获的有许多，可享受的也有许多，因此，当孩子做出反社会行为，或是做出与亲社会相反的行为时，家长们都会十分痛心，因为这些孩子们本有望成为博学多才的社会栋梁。

如果我把这件事追溯到童年时代，也许你就能理解我想表达的意思了。你教你的小孩说“谢谢”。实际上，你教孩子说“谢谢”是出于礼貌，而不是孩子的本意。换句话说，你开始教孩子一些好的行为习惯，你希望你的孩子有时可以不必这么坦诚，换言之，让他能够在一定程度上遵守惯例，使生活变得容易管理。你很清楚孩子的意思并不总是“感谢你”。大多数孩子能够接受这种不诚实的行为，以此作为社会化的代价。但有些孩子却永远不会这样做。要么有人过早地试图教他们说“谢谢”，要么他们自己就陷入了这个诚信问题。当然，有些孩子宁愿不融入社交场合，也不愿选择撒谎。

在描述这一点时，我仍然在谈论那些正常的儿童。然而，如果我再深入一点，我就会谈谈在生活中陷入了困境的孩子们，因为他们需要建立并重新建立相对于虚假事物的真实自我。我认为，虽然在日常生活中通常可以达成妥协，但在某些特殊领域却不能妥协，而需要特殊的对待。这些领域可能是科学、宗教、诗歌或戏剧。在选定的领域内，是没有妥协的余地的。

抑郁的价值

1963 年 9 月，向精神病社会工作者协会全体会议提交的一篇论文

“抑郁”一词既有通俗的解释，亦有专业的精神病学含义。可这两者竟十分相似，令人不得不心生疑窦——事出必然有因。作为一种情感状态或者说情感的失调，抑郁与疑虑、内省相伴而生。因此，抑郁的人会清楚地意识到自我感觉有多不好，也能意识到心、肺、肝的极度不适和经久不愈的风湿痛。相比之下，精神病学术语“轻度躁狂症”或许可等同于精神分析术语“躁狂防御”，即正欲被否认的抑郁情绪，似乎没有一个通俗的术语可以与之等同。（希腊语的“狂妄”也许可以表达这一含义。但狂妄和傲慢似乎更偏向于

高兴，而不是轻度躁狂症。）

在此我认为，抑郁是有价值的。然而，人们也非常清楚，抑郁症患者饱尝痛苦，他们可能会做出自残或自戕的举动，其中也不乏精神疾病患者。这里有一个悖论，我想考证一下。

精神分析学家和精神病社会工作者常常会发现他们对治愈重症病例负有一定的责任，并参与了心理治疗这一过程，同时，他们自己也很难摆脱抑郁的侵扰。既然摆脱抑郁的最佳方式是做出建设性的工作，那我们通常会采用应对抑郁症患者（和其他人）的方式来应对我们自己的抑郁。

作为一名医学生，我了解到抑郁本身就有康复的希望。这是精神病理学中的一个亮点，它将抑郁症与内疚感（内疚感是健康发育的标志）以及哀悼的过程联系了起来。哀悼最终也易于导致一个人结束自己的生命。内在的康复倾向也将抑郁症与婴儿期和童年期的成熟过程联系在了一起，这一过程（在促进性环境中）会促使个人达到成熟，即所谓的健康状态。

个体情感发展

一开始，婴儿与环境相互交织。婴儿通过一个复杂的过程（人们对此已知一二，我和他人亦详叙数次），将客体和环境从自我中分离出来。这里存在一种中间状态，在这种状态下，与婴儿相关联的客体是一个主观对象。然后婴儿成为一个个体单元，一开始只是暂时性的，然后就变为了持续性的。这一新发展使婴儿拥有了内在世界，然后开始了内外的复杂的相互交换过程，这一过程贯穿生命始终，构成了个人与社会的主要关系。这种关系甚至比客体关系和本能满足更重要。这种双向交流涉及“投射”和“内摄”这两种心理机制。之后还会发生许许多多的事情，在此就不深入讨论了。

这些发展源自天生的成熟化过程，环境促进了这一过程。事实上，促进性环境是必要的，如果环境不够好，那成熟化过程就会受阻，甚至停滞不前。我经常描述这些错综复杂的情形。

因此，自我建构和力量成为事实，新个体对环境的依赖从绝对依赖走向独立，尽管永远不会达到绝对独立。

自我力量的发展和确立，是达到健康状态的重要或基本特征。当然，“自我力量”一词的含义随着孩子的成熟而变得越来越重要，起初，自我之所以具有力量，只是因为母亲的高度适应性给予了自我以支持，母亲能够在短时间内亲密地认同自己的宝宝。

然后孩子达到了个体单元这个阶段，从中他能够感觉到——我存在着，且拥有一个内在世界，能够驾驭其本能，也能够控制个人内心产生的紧张和压力。这使孩子拥有抑郁的能力。这是情感成长的进步。

因此，我们对抑郁症的看法与自我力量、自我建构和发现个人身份的概念密切相关，正是出于这个原因，我们可以讨论抑郁具有价值这一看法。

在临床精神病学中，抑郁可能具有明显的病理特征，但即使在严重的情感障碍中，抑郁情绪的存在也总是让人有理由相信，个人的自我没有被瓦解，即使不能真正解决内部纷争，也足以守住堡垒。

抑郁心理学

并不是所有人都承认抑郁心理学的存在。对许多人（包括一些精神病学家）来说，他们认为抑郁症是关于生物和化学的，或者是黑胆汁理论的现代版本，它使一位中世纪天才创造了“忧郁症”一词。对于下面这个说法，你一定会遇到强有力的抵触，即认为存在一个无意识的积极心理组织，赋予情绪以心理意义。但对我来说，情绪及其导致病理特征的各种杂质是有意义的。基于我的工作发现及其理论运用——这些理论也来自弗洛伊德、克莱因和其他几位前辈，我会努力把我所知道的描述出来。

当然，仇恨被锁在了某个地方。也许困难就在于如何接受这样的仇恨，尽管沮丧情绪意味着仇恨得到了控制。我们看到的只是临床在控制方面所做的努力。

神经官能症伴发抑郁症的一个简单病例

一名14岁的女孩因严重的抑郁症导致其学业每况愈下，因此被送往了帕丁顿·格林儿童医院。在一次时长一小时的心理治疗访谈中，女孩描述并绘制了一个噩梦，梦中她的母亲被一辆汽车碾过，而司机有一顶与她父亲一样的帽子。从中可解读出她对父亲的爱之强烈，以至于脑海中出现了母亲之死的念头，她现在接受了自己对母亲抱有仇恨的这一事实，虽然她对母亲是如此的忠诚。她回家后已经不再抑郁了，也能过好校园生活。情况终于得到好转，且并未再复发。

这是最简单的一种病例。当梦产生、被记住并被恰当地描述出来时，这本身就表明做梦者有能力应对梦的内在紧张。被绘制的梦也表明了自我力量的存在，而且，梦的内容提供了女孩内在心理现实的动态样本。

在此，可以谈论一下异性恋立场中被压抑的仇恨和死亡愿望，这会导致对本能冲动的抑制。然而，那些特征属性，即女孩的情绪和不清醒在本文中会避而不谈，如果她处于清醒状态，那她的母亲就会受伤。这是一种提前产生的负罪感。

作为单元的自我

如果你能接受图表这一形式，那把人想象成一个球体或圆也许会更直观。圆圈内集中了所有力和物体的相互作用，构成了个人在当下的内在现实。这一内心世界的细节更像是一幅柏林市的地图。

在这个图表中，城市上空的雾——如果有雾的话——代表了抑郁情绪。一切都慢了下来，陷入一片死寂。这种相对死寂的状态控纵着一切，就人类个体而言，它模糊了与外在客体相关的本能和能力。渐渐地，有些地方的雾气变薄，甚至开始消散。然后可能会出现一些令人惊讶的现象，比如圣诞节时柏林墙上的裂缝。情绪稍显平复，生活重新启动。四周的紧张气氛也都减少了。因此，重组发生了，一个东德人逃到了西德，或一位西德人转移到了东德。不管怎么样，也发生了其他交换，因此，让情绪平复的安全时机到了。在人类层面上，柏林墙会从东向西或从西向东稍稍移动，当然，这在柏林是不可能发生的。

情绪及其应对方案是好与坏内部因素的安置问题，是一场战争的结构化。就像是一张餐厅的桌子，一个男孩在那里布置了他的要塞和士兵。

而女孩子则倾向于很主观地看待这些因素，而不加以具体解读，因为她们可能会想到怀孕，然后会有婴儿。婴孩的存在自然会与内在无生命的想法相抵触。男孩子嫉妒女孩的潜力。

在此人们在考虑的不是焦虑和焦虑的内容，而是个人的自我建构和内部经济。抑郁的出现、持续和解除，表明自我建构已经度过了危机阶段。这是个人整合的胜利。

危机的性质

在此大致了解一下危机产生的方式和解除危机的某些形式。

抑郁情绪的主要成因是对破坏性体验和与爱相伴的破坏性想法有了新体验。新的体验需要内部再评估，而正是这种再评估被我们视为抑郁症。

保证并不能缓解压力。给抑郁的人加油打气，或让抑郁的孩子慢跑，供给甜食，指着那些树对他说：“看看这些闪闪发光的绿叶吧！”都没什么效果。对于抑郁的人来说，这棵树看起来死气沉沉的，叶子也静止不动。抑或没有树叶，只有一片漆黑的荒野和光秃的枝丫。这种欢呼就是在自欺欺人。

一场正当迫害或许能让事情有所不同。例如，战争威胁，或者精神病院的恶毒护士，或者一次背叛。在这里，外部不良现象可以当作内部不良的处所，并通过将内部紧张向外投射的方式来缓解一二。这样雾霾也许就能开始消散了。但人们很难划定邪恶。（也许休克治疗是心怀叵测者开具的邪恶处方，因此有时在临床上是起效的，尽管从人类的困境来看，这是一种欺骗。）

但是，人们可以通过容忍抑郁症直到其自发缓解这一原则来帮助抑郁症患者，并赞扬只有自发的恢复才能让个人真正感到满意。某些情况会影响结果，或加速或延缓结果。最重要的是个人的内部经济状况。是在任何情况下都不稳定吗？是否存在一种互相对立的良性因素？

令我们惊讶的是，一个人走出抑郁症后，可能会比患抑郁症之前要更强大、更明智且更稳定。然而，这在很大程度上取决于大萧条是否能摆脱所谓的“杂质”。我们将尝试指出此类杂质的性质。

抑郁情绪杂质

1. 在第一类中，我将把所有自我组织的失败放在一起，这些失败表明患者倾向于更原始的疾病类型，即精神分裂症。这里存在一种分裂的威胁，而精神病性防御（分裂等）提供了临床治疗的图景，包括分裂、人格解体、非真实感和缺乏与内在现实的接触。一种情况更加复杂的抑郁症会含有弥漫性分裂样成分，因此可以使用“分裂样抑郁症”一词。这一术语意味着，尽管存在分裂威胁（精神分裂症），但一些普遍的自我组织（抑郁症）仍得以维持。

2. 在第二类中，我将把那些使抑郁症成为可能的持续性自我结构，但同时又有迫害妄想的患者放在首位。这种妄想的存在表明，患者要么利用不利的外部因素，要么利用创伤记忆，从内部迫害的全面爆发中得以幸存下来，而这种压抑会导致抑郁情绪。

3. 在第三类中，我指的是患者通过允许这些内在紧张以疑病症的术语表达来得到缓解。躯体疾病的存在可能会被利用，或者与迫害妄想（第二类）的情况一样，躯体疾病可能是想象出来的，或者是由于生理过程的扭曲而产生的。

4. 在这一类中，我指的是一种不同类型的杂质，即精神病学术语中的“轻度躁狂症”，亦是精神分析术语中的“躁狂防御”。在这里，抑郁是存在的，但被否定或否认。抑郁的每一个症状，如死气沉沉、沉重、黑暗、严肃等，都被它的对立面——活力、轻盈、明亮、轻浮等取而代之；这是一种有用的防御措施，但个人会为此付出代价，因为抑郁症必然会复发，而他们只能默默忍受。

5. 在这一类中，我指的是躁狂—抑郁的摇摆。这在某种程度上类似于从抑郁到躁狂防御的变化，但由于某种特征，即相对于这两种状态的分离，从而变得非常不同。在躁狂—抑郁摇摆中，患者要么因为控制内部紧张而抑郁，要么因为被紧张的内部情况的某些方面所占据和激活而疯狂（不是躁狂）。在任何一种情绪摆动中，患者都没有接触到另一种情绪摆动。

6. 在这里，我将提到自我界限的夸大，这属于对分裂机制崩溃的恐惧。在临床上，它呈现出一种抑郁模式下的激烈人格组织。这可能会在很长一段时间内发生改变，并与患者的内在人格密切相关。

7. 在闷闷不乐和忧郁症中有一种“压抑情绪的回归”。尽管所有仇恨和破坏都得到了控制，但受这种控制所影响的临床状态，对于与患者接触的人而言是无法忍受的。这种情绪是反社会的，具有破坏性的，尽管患者的仇恨是不可用的，并且是固定的。

现在不太可能进一步发展这些主题。需要强调的是，抑郁情绪的“纯净”体现了自我力量和个人成熟。

总结

抑郁症属于精神病理学这一范畴。严重时可致残，患者一生或许都难以治愈，在相对健康的个体中，它通常不会持续得太久。在正常情况下，抑郁症十分普遍，几乎人人都会抑郁，它与哀悼、感到内疚的能力以及成熟化过程有关。通常，抑郁意味着一种自我力量，通过这种方式，抑郁倾向于缓解，而抑郁症患者也倾向于恢复精神康复。

挑衅、内疚和补偿

1960 年 5 月 8 日，给进步联盟做的演讲

我希望在描述这一主题时，我作为精神分析师的从业经验能派上用场，这个主题一直都是分析工作的重点，提及频率也很高。它与建设性活动的根源之一有关，也与建设和破坏之间的关系有关。你可能会立刻意识到这个主题主要是从梅兰妮·克莱因那儿发展而来的，她将相关想法汇集于“情感发展中的抑郁状态”这个标题之下——标题好坏无关紧要。重要的是，精神分析理论一直在发展，克莱因夫人提出了“人性中的破坏性”这一概念，并开始从精神分析的角度去理解它。这是第一次世界大战后的十年里出现的一个重

要发展，我们中的许多人都认为，如果没有对弗洛伊德关于人类情感发展陈述这一重要补充，就不可能完成我们的工作。梅兰妮·克莱因的研究扩展了弗洛伊德的论述，但并没有改变精神分析师的工作方式。

本主题可被视作精神分析技术的教学课程之一。如果我判断得没错，你甚至不会感到介意。然而，我确实相信，这个主题对所有有思想的人来说都至关重要，特别是因为它丰富了我们对“负罪感”一词的理解，一方面将负罪感与破坏性联系起来，另一方面又把它与建设性活动联系起来。

这一切听起来都相当简单明了。破坏一个客体的想法出现了，产生了一种负罪感，并且导致了建设性的工作成果。但是我们发现的情况要复杂得多，当试图进行全面描述时，我们要记住，当这个简单的序列开始变得有意义、成为事实时，这是个人情感发展的一项成就。

精神分析学家的特点是，当他们试图去解决这样的问题时，他们总是从发展个人的角度来进行思考。这意味着要回溯到初期，看看是否可以确定原点。当然，我们可以将婴儿早期视为一种个人还未能感到内疚的状态。然后我们便可以说，在以后的日子里，我们知道（在健康状态下）内疚是能被感受到的，或是被体验到——但这种体验可能未被视为内疚感。在这两者之间，还有这样一个阶段——内疚感能力正在被建立，我在本文中关注的就是这个时期。

这无关年龄和日期，但我要说明的是，父母有时可以在婴儿 1

岁之前就察觉到孩子开始有负罪感了，尽管没有人会认为，孩子在5岁之前已经牢固地确立了一种技巧，能对破坏性想法承担全部责任。在探讨这种发展时，我们知道我们是在谈论整个童年，尤其是青春期；如果我们谈论的是青春期，那我们也在讨论成年人，因为没有一个成年人在所有时间内都是成年人。这是因为人们不仅仅处于他们自己当前的年龄，在某种程度上，他们可以是任何年龄的人，或是没有年龄的人。

顺便说一句，在我看来，当破坏性与我们在受挫时感到愤怒，或对反对之事感到厌恶相联系时，或者当这是对恐惧的反应时，我们相对容易发现自己内在的破坏性。困难的是，每个人都要为个人的破坏性承担全部责任，这种破坏性天然存在于与感觉良好的物体的关系之间——换句话说，它与爱有关。

这里出现了“整合”一词，因为如果一个人可以想象一个完全整合的人，那么这个人就会为因为活着而产生的所有感觉和想法负责。相反，当我们需要在自己之外找到我们不赞成的东西并付出代价时，这就是整合的失败，代价就是失去真正属于我们自己的破坏性。

因此，每个人都必须有能力对个人的全部情感和想法负责，而“健康”一词与实现这一目标的整合程度密切相关。健康个体不必非得使用“投射”这一技巧来应对自身的破坏性冲动和想法。

你们会了解到，我越过了所谓情感发展的原始方面的最早期阶段，换言之，我要说的不是头几个星期或几个月。这一基本情绪发展领域的崩溃会导致精神疾病的产生，也就是精神分裂症，本次演讲并不会探讨这些问题。在本文中，我假设在每种情况下，父母都提供了必要的照顾，使婴儿能够开始管理个体的存在。那它可以同样适用于在某个发展阶段对正常儿童的护理，或者适用于儿童或成年人治疗的某个阶段，因为在心理治疗中，其实真的没什么新鲜事。能够发生的最好的事情就是，那些原本在个体发育过程中没有被完成的事情，会在治疗后期的某个阶段内完成。下面我将列举一些事例，在此只提及相关的部分细节，故其余内容会被省略。

案例 1

这个例子是对某位精神治疗师的分析。在一次谈话中，他告诉我，他曾看过一位患者的演出，也就是说，他没有扮演咨询室中治疗师的角色，而是与工作状态下的患者会了面。演出需要迅捷的动作和娴熟的技艺，患者也表演得十分出色，但这些都对治疗起不到什么作用。

只是让他像入魔般围着沙发团团转。我的病人（也就是这个人的治疗师）对他所做的事表示怀疑，他不知道这样做是好是坏，尽管他觉得去看看这个人在工作中的状态对他来说可能是件好事。然后，他提到了自己的复活节假期。他在乡下有一栋别墅，他非常喜欢体力劳动和各种建设性活动，他喜欢摆弄一些小玩意。然后，他继续描述了家庭生活中发生的一些事件。我不需要把他所描述的内容和感受都一一告知你们，但我会说，他回到了一个主题，这个主题在最近的分析中很重要，各种工程工具在其中发挥了很大的作用。在他来找我做分析的路上，他经常会停下来，盯着我家附近一家商店橱窗里的一台机床。这非常能说明问题。这是我的病人实现口欲期攻击性的一种方式，是一种原始的爱的冲动，带有冷酷性和破坏性。我们可以称之为“吃”。他的治疗趋向于原始的爱的残酷，而且可以想象，为了实现这一点有多不容易。（巧合的是，这个人知道这个理论，并且能够以一种理智的方式详尽地描述这些过程，但他来找我咨询是为了做毕业后的分析，因为他需要真正接触到他的原始冲动，不是头脑中的联想，而是本能经验和身体感觉。）在一个小时的交谈里，还有很多其他内容，包括对以下问题的讨论：一个人能不能吃掉蛋糕，并拥有它？

从中唯有一个启示，即当这种与原始的爱情和客体的破坏有关的新材料出现时，它已经涉及了一些“建设性工作”。当我向患者解释破坏（吃）时，我可以提醒他关于建设性工作的话。我可以提醒他，正如他看到他的病人在表演一样，他的表演让人感觉到急速动作的意义，所以我也可以看看他在花园里莳弄花草，使用小工具来修缮房子。他可以推倒墙壁，也可以劈开树木，他在做这一切时都乐在其中，但如果这与建设性的目标背道而驰，那将是一个毫无意义、疯狂的插曲。这是我们在工作中经常会遇到的一个问题，也是我今晚演讲的主题。

也许可以这样说，人类不能容忍他们早期之爱中带有破坏性目标。然而，如果正朝着这个目标前进的人已经有了一个建设性目标的证据，可以提醒他或她，那么这个想法就是可以被容忍的。

我在这里想到了一个曾经接诊过的女性患者。在治疗初期，我犯了一个错误，几乎使一切努力都付诸东流。我解释了某些特定的事情，比如口欲施虐，即残忍地吃掉属于原始爱的客体。我有很多证据，而且事实证明我是对的，虽然之间隔了十年之久。我吸取了教训。在随后的长期治疗中，患者成了一个真正完整的人，能够接受她原始冲动的真相。最终，经过十年或十二年的定期分析，她终于准备好了接受这种解读。

案例 2

一名男性患者走进我的房间，看到一台别人借给我的录音机。这使他产生了一些想法，他躺下来，聚精会神地为一小时的分析工作做准备时说道："我想，当我完成治疗后，我在这里发生的一切将以某种方式对世界产生价值。"我暗暗留心，病人这句话可能表明，他又要萌生那些破坏性工作的想法了，自两年前开始治疗以来，我也不得不屡次与这一系列破坏性事件做斗争。在治疗结束之前，病人就对我有了新的认识，他嫉妒我是作为一个分析师，做得还不错。他有种冲动，要感谢我一直以来做得不错，感谢我能够做他需要我去做的事情。我们以前也有过类似的对话，但他现在比以前更容易接触到他对所谓好事的破坏性感情了。当这一切都彻底确定了下来后，我提醒他，当他进来看到录音机时表达了一种希望，即他的治疗本身可能是有价值的，将有助于满足人类的普遍需要。（当然，我没有必要提醒他，因为重要的是发生了什么，而不是讨论发生了什么。）

当我把这两件事联系起来时，他说，这感觉是对的，但如果我根据他的第一句话来解释，那将是多么可怕。他的意思是，如果我肯定了他这种想要产生价值的愿望，并告诉他这表明了一种破坏欲，他必须首先释放这种破坏性的冲动——他必须利用自己的时间，通过自己的方式去实现它。毫无疑问，正是他的能力使他足以与他的破坏性进行更密切的接触，从而产生最终贡献的想法。但建设性的努力是虚假的，而且比毫无意义还要糟糕，除非他如他所说，首先释放这种破坏性的冲动。他觉得到目前为止他的工作都没有一个适当的基础，事实上（正如他提醒我的那样），正是出于这一点，他才来找我做治疗。顺便说一句，他的工作做得非常出色，但每当他走向成功时，他总是感到越来越徒劳和虚伪，并需要证明自己其实一文不值。这就是他的生活模式。

案例3

一位女同事讨论了一位男性患者。这个人伸手接触到的材料可以被解释为一种想要从分析师那里偷窃的冲动。事实上，在经历了一段成效斐然的分析工作后，他对她说："我现在发现，因为你的洞察力，我恨你，而这正是我需要你具备的东西；我有一种冲动，想从你身上偷走任何能让你胜任这项工作的东西。"其实，就在这件事发生之前，他曾顺带说过，如果能赚更多的钱，就可以支付更高的费用，这该有多好。你会在这里看到同样的事情：他到达并利用了一个慷慨的平台，以便我们从中瞥见对一件好物的嫉妒、偷窃和破坏欲，这是慷慨的基础，属于原始的爱。

案例4

下一个片段节选自一个很长的案例描述，一个青春期女孩正在接受一位治疗师的治疗，而这位治疗师同时也在自己的家中照看这个女孩。这种安排有优点，也有缺点。

这个女孩病得很重，按我的话来说，她正从长期的依赖和婴儿状态中恢复过来。现在女孩在与家庭的关系上并没有倒退，但在有限的治疗期内仍然处于一种非常特殊的状态。这些会在晚上的某个固定时间发生。

有一段时间，这个女孩表达了对 × 夫人（既照顾她，又为她治疗的那个治疗师）最深的仇恨。在治疗以外的时间内，一切都很好，但在治疗时间内，× 夫人被彻底地、反复地摧毁。我们很难表达她对治疗师 × 夫人的憎恨程度，事实上，那是一种将其挫骨扬灰的想法。在这里，治疗师并未去看工作状态下的患者，因为 × 夫人一直在照顾这个女孩，她们之间同时存在着两种不同的关系。在这一天，发生各种各样的新事情：女孩开始想着帮 × 夫人打扫房间，擦亮家具。这种善意前所未有，即使在这个女孩得重病之前，她在自己的家里也未帮忙过。

在我看来，其实很少有青少年从未从事过家务劳动，可她甚至没有洗过餐具。因此，这种帮助是一个全新的特征，它发生得悄无声息，伴随着一种非常彻底的破坏性，这种破坏性是孩子开始在爱的原始方面里发现的，而这种爱是她在治疗期间，在与治疗师的交往中接触到的。

你会看到同样的想法在这里重复着。自然，患者意识到破坏性的事实使当天出现的建设性活动成为可能——即使在白天，这种活动也出现了。但我刚才想提醒你们一句，这些建设性和创造性的经历有可能使孩子接触到她的破坏性。

你会看到一个推论，那就是患者需要机会去参与和做贡献，正是在这里，我的主题与普通生活联系在了一起。创造性活动、富有想象力的游戏和建设性工作的机会，正是我们努力让每个人都能享受到的。我将再次提及这一点。

我现在想试着把我以案例材料的形式提出的观点汇集到一起。

我们正在处理负罪感的一个方面。它来自对原始的爱中破坏性冲动的容忍。容忍一个人的破坏性冲动会产生一种新的东西：享受各种想法的能力——即使其中存在破坏性，以及享受身体兴奋。这种兴奋来自这些想法，这些想法也会激发这种兴奋。这种发展为关注的体验提供了空间，这是一切建设性事物的基础。

你会发现，根据所描述的情感发展阶段，可以使用不同的词汇组合：

毁灭——创造

破坏——重建

仇恨——强烈的爱

残忍——温柔

弄脏——清扫

破坏——修补

……

我的论述方式也是如此。如果你愿意，你可以观察一个人的修复方式，然后可以自作聪明地说："啊哈，这意味着无意识的破坏。"

但如果你这样做，对世界并没有多大帮助。或者，你可能会在某人的修补行为中看到，他或她正在建立一种自我力量，这种力量使人们能够容忍那个人本性中的破坏欲。假设你以某种方式阻止了修复工作，那么在某种程度上，这个人就会无法对他或她的破坏性冲动负责，临床上的结果要么是抑郁，要么是通过其他地方的破坏性来寻求缓解，也就是说，使用投射机制。

为了结束对这一广泛主题的简要阐述，我将在此列出一些日常工作中的应用，这些工作是下列观点的基础：

1. 做出贡献的机会以某种方式帮助我们每个人接受破坏性，这是我们自己的一部分，它十分基础，属于爱，也就是"吃"。

2. 提供机会，当人们从事建设性工作时保持一种洞察力，这并不一定有效，我们可以看到其中的原因。

3. 我们给了机会让其为某人做出贡献，我们可能会得到三个结果：

（1）这正是我们所需要的。

（2）机会错付，最终建设性活动被撤回，因为它们被认为是虚假的。

（3）给那些无法感知到个人毁灭性的人提供的机会被认为是一种责备，其结果是灾难性的。

4. 我们可以使用我所讨论的观点来掌握负罪感的工作方式，即从破坏性转化为建设性。（这里必须指出的是，我所说的内疚感通常是无声的，没有意识的。它是一种潜在的内疚感，被建设性活动所抵消。而临床上的内疚感是另一回事，它是有意识的。）

5. 从这一点上，我们对可能出现在任何地方的具有强迫性的破坏性有了一些理解，但这是青春期的一个特殊问题，也是反社会倾向的一个规律性特征。破坏性虽然具有强迫性和欺骗性，但它比建设性更诚实，因为建设性并不是建立在内疚感的基础上，内疚感是由接受个人对美好事物的破坏性冲动而产生的。

6. 这些涉及一些非常重要的事情，当一位母亲和一位父亲为宝宝的降临做了充分准备时，这些事情正在以一种相当隐匿的方式发生。

7. 最后，我们得出了一个迷人而富有哲理的问题：一个人能吃了蛋糕，并拥有它吗？

心理治疗的多样性

1961 年 3 月 6 日，给剑桥社会和医学方面的精神疾病协会所做的演讲

比起治疗方法，你更常听到的是对各种疾病的讨论。当然，这两者是相互关联的，我需要先谈疾病，再谈治疗。

我是一位精神分析师，如果我说心理治疗的基础是心理分析训练，想必你也不会介意。这些训练包括学生分析师的个人分析。除此种训练外，精神分析理论和精神分析元心理学也影响着所有的动态心理学——无论是哪一个学派。

然而，心理治疗有其多样性，它们的存在不应取决于从业者的观点，而应取决于患者或病例的需要。这样说吧，在可能的情况下，

我们会建议患者进行精神分析，但如果精神分析在此并不合适，那么也可以对设计进行恰当的修改。

在众多来访的患者中，其实只有少数人接受了精神分析治疗，尽管我拥有着世上最好的精神分析资源。

我可以谈谈一些技术性的修改，当患者患有精神疾病或属于边缘型人格障碍时，就需要做出这类调整，但我在此并不想讨论这一点。

我感兴趣的是：一个训练有素的分析师为何能做分析以外的事情，并且还做得很出色。通常，当治疗周期比较紧张时，这一点十分重要。比起我个人心目中疗效更深远的精神分析，这些治疗方法往往更具吸引力。

首先我想说的是，心理治疗的一个基本要素是，任何其他治疗都不能与之混淆。如果想要进行休克疗法，则不可能完成这项工作，因为这会改变整个临床表现。患者要么害怕，要么暗地里渴望接受物理治疗（或两者兼而有之），这样一来，心理治疗师就永远都无法触及患者真正的个人问题。

另一方面，我必须假设对于患者身体的照顾是充分的。

接下来，我们的目标是什么？我们希望做得尽可能多还是少？在精神分析中，我们问自己：我们能做多少？在我的诊所里，我们的座右铭是：我们做的事有多微不足道？这处于另一个极端，这使我们始终意识到病例有经济方面的考虑。它让我们去寻找家庭里的核心疾病，或社会痼疾，这样我们就可以通过治疗家庭戏剧中的次要角色来避免浪费时间和金钱了。这其中没什么新鲜的东西，但你可能会希望心理分析师能这么说，因为分析师特别容易陷入长期治疗的泥沼，在这个过程中，他们可能会忽视不利的外部因素。

那么，患者所面临的困难有多少仅仅是因为没有人能够明智地倾听他？早在四十年前，我就发现，如果做得好的话，从母亲那里获取病史本身就是一种心理治疗。必须给她充裕的时间，且采取一种非道德的态度，当母亲说出她心中的想法时，她可能会补充说："现在我知道了孩子的症状归咎于其在家庭中的整体生活模式，我现在可以应付了，只是因为你让我用自己的方式和时间来了解整个故事。"这不仅关系到带孩子的父母，成年人也这样说自己，精神分析可以说是一个极其漫长的历史进程。

当然，你们都知道精神分析中的移情。在精神分析的环境下，患者带来了他们过去和内心现实的样本，并将其暴露在一种幻想中，这种幻想就是他们与分析师之间不断变化的关系。通过这种方式，无意识可以逐渐变得有意识。一旦这一过程开始，患者便会不自觉地配合我们的工作，我们的任务也会变得越发繁重。因此，平均治疗时长会增加。检查那些最初的会面还挺有意思的。精神分析治疗一旦开始，分析师就得万般小心，别太自作聪明，这是有充分理由的。患者在初次会面中表达了他所有的信念和怀疑。必须允许这些极端现象得到真实的表达。如果精神分析师在开始时做得太多，患者要么逃跑，要么出于恐惧会发展出一种非常美好的信念，几乎就像被催眠了一样。

在深入探讨这一论点之前，我必须提到其他一些假设。患者身上不能有保留区域。心理治疗并不针对患者的宗教、文化兴趣或私人生活加以治疗，但若是患者对这些闭口不谈，那就是在逃避治疗进程中自然而然的信任感。你会看到，这种信任感源自对治疗师秉性和专业技能的认可，这甚至比医生在普通医疗实践中的可靠性还要重要。有趣的是，奠定医疗实践的《希波克拉底誓言》恰如其分地阐明了这一点。

同样，根据我们所有工作的基础理论，一种心理因素（非身体原因）引起的失调症代表着个人情感发展遇到了障碍。心理治疗的目的只是去消除障碍，使发展如期而至。

换言之，心理失调症就是不成熟，是个人情感发展的不成熟，这种情感发展包括个体与他人和环境相关能力的演变。

为了让我的观点更清晰，我必须将错综复杂的心理失调症（个人情感发展的不成熟）简单粗暴地划分为三类。

第一类会让人想起“神经官能症”一词。这里会包含所有障碍，这些个体在早期阶段受到了足够好的照顾，因此在发展过程中，他们处于这样一种状态——在某种程度上他们遇到了完整人生所固有的那些失败，但尚未遏制这些失败。在这种生活中，个人可以驾驭本能，而不是被本能所驾驭。我必须把更“正常”的抑郁症也归于此类。

第二类会让人想起“精神病”一词。在这里，由于对婴儿的早期照顾出现了问题，个体人格的基本结构受到了干扰。巴林特

（Balint）将其称之为基本缺陷，认为可能会导致婴儿期或儿童期精神病，或者后期的一些困难可能暴露了过去未被注意到的自我结构缺陷。这类患者的健康状况永远不及前一类。

第三类人则属于前两类的中间态，这些个体在一开始得到了充分的照顾，但在某个时刻，或在很长一段时间内都饱受生长环境的摧残。这些儿童、青少年或成年人可以义正词严地宣称："在……之前一切都很好，除非环境承认它欠我的，否则我的个人生活就无法继续发展。"但是，当然了，剥夺和它所产生的痛苦在很多时间都未能被感知到，因此我们在临床上找到的是一种态度，即一种反社会倾向，这类人可能年纪轻轻便犯下罪行，或多次作案。

那么，就目前而言，你正通过三个望远镜的错误一端来观察心理疾病。通过一个望远镜，你可以看到反应性抑郁症，它与两种身体关系（以母婴关系为主）中伴随着爱的冲动的破坏性冲动有关。也可以看到神经官能症，它与矛盾心理有关，也就是说，内心爱恨交织，这属于三角关系（以孩子和双亲的关系为主）。

通过第二个望远镜，你可以看到情绪发展的早期阶段被糟糕的婴儿期护理所扭曲。我承认，有些婴儿比其他婴儿更闹腾，但我们不想去责怪任何人，因此将疾病成因归咎于养育上的失职。我们看到的是个人自我结构的失败，以及自我与环境中的客体相关联的能力。我很想就此与你们进行更深入的交谈，但我决不能这样做。

通过这个望远镜，我们看到了各种各样的失败，这些失败构成了精神分裂症的临床表现，或者产生了精神病性的暗流，这些暗流让我们许多人无法过上正常、健康和成熟的生活。

当我们以这种方式看待疾病时，我们只会看到我们自己身上那些被夸大的元素，而没有看到任何将精神病患者隔离开来的东西。因此，在治疗或护理患者时产生了压力，是从心理上，而不是通过药物和所谓的物理治疗来治疗。

第三个望远镜将我们的注意力从生活中固有的困难转移到具有不同性质的干扰上，因为被剥夺权利的人由于怨恨而无法解决自己固有的问题，这是一种对几乎被遗忘的侮辱的正当要求。在场的众人，包括我自己皆不属于这一类，且与之毫不相干。我们中的大多数人可以这样评价我们的父母："他们会犯错，他们让我们不断受挫，他们注定要让我们了解现实原则、自发性的死敌、创造性和真实感，但他们从未真正让我们失望过。"正是这种失望构成了反社会倾向的基础，无论我们多么不喜欢自行车失窃，或者不得不求助于警力来对抗暴力，但我们确实看到也理解了，为什么这个男孩或那个女孩要强迫我们面对挑战——无论是通过偷窃还是破坏的方式。

我已经尽我所能搭建了一个理论背景，为后续我对心理治疗的多样性做出简要描述。

第一类：神经官能症

如果这类疾病需要治疗，我们希望能提供精神分析，这是一种总体而言还算可靠的专业环境。在这种环境下，被压抑的无意识可能会变得有意识。这是由于患者个人冲突的无数样本在“转移”中出现的结果。在顺利的情况下，本能生活及其想象性阐述会产生一种焦虑，对其的防御会变得不那么僵化，也会越发受到患者的刻意控制。

第二类：早期护理的失败

就这类疾病而言，我们需要为患者提供机会，让他们在极度依赖的情况下能拥有真正属于“婴儿期”的体验。我们会看到，除了有组织的心理治疗之外，还可能发现这种情况，例如，在友谊中，在可能因身体疾病而提供的护理中，在文化体验中，其中一些被称为宗教性体验。一个持续照顾孩子的家庭为孩子提供了回归依赖的机会，即使那只是高度依赖。这确实是家庭生活的一个常规特征，如果家庭生活被很好地嵌入社会环境中，那么就可以重新建立并强调最初属于婴儿护理的护理要素。你会认同，一些孩子享受他们的家庭和他们日益增长的独立性，而另一些则继续依赖于他们的家庭心理治疗。

专业的社会工作会介入其中，它试图提供专业的帮助，而这种帮助将由父母、家庭和社会单元以非专业的方式提供。总的来说，社会工作者不是第一类中所描述的心理治疗师。然而，社会工作者是满足第二类需求的心理治疗师。

你会发现，母亲对婴儿所做的很多事情都可以称之为“抱持”。不仅贴身的抱持非常重要——这是一个只能由特定之人小心翼翼做出的小心翼翼的举动，而且婴儿的养育大多源于“抱持”一词的释义。抱持包括所有的身体护理——只要是为了适应婴儿的需要。渐渐地，一个孩子会重视被大人放下这件事，这与向孩子展示现实原则相一致，起初该原则与快乐原则相冲突（全能被废除）。家庭继续提供这种抱持，而社会则抱持着家庭。

社会工作可以被描述为父母和当地社会单元这一正常职能被专业化后——即当成长趋势得到一个机会时，对人和情况的“抱持”。这些成长趋势一直存在于每个人身上，除非绝望（因为环境一再失败）导致了有组织的退出。这些趋势已经被描述为整合——心理与身体达成一致，身体与身体相互联系，以及发展与客体相关联的能力。除非因个体创造性冲动未被满足和被抱持的失败而受阻，否则这些过程将继续进行。

第三类：剥夺

如果患者在过去的病史中受剥夺区支配，则治疗需要适应这样一个事实：作为人，他们可能是正常的，也可能有神经症或精神病。人们很难看到个人模式是什么，因为每当希望开始复苏时，孩子便会产生一种症状（偷窃或被偷窃、破坏性或被破坏），这会迫使环境注意到他并采取行动。行动通常带有惩罚性，但患者所需要的当然是充分的承认和充分的付出。正如我所说，这通常是不可能做到的，因为有太多东西无法在意识层面被获取，但重要的是，在反社会生涯的早期阶段进行一番深入挖掘，通常会发现线索和解决方案。

一项关于犯罪的研究，应该从关于家庭完整的相对正常儿童身上的反社会行为开始。在这里，我发现经常有可以追踪到由此导致的剥夺和极端痛苦，这些剥夺和痛苦改变了儿童的整体发展过程。（相关案例已得以出版，如果有时间，我还可以举一些其他例子。）

这里的重点是，社会上留下了所有未经处理和无法处理的案件，在这些案件中，反社会倾向已成为青少年犯罪的常态。这里需要提供专门的环境，这些环境必须分为两种：

1. 那些希望让他们抱持的孩子完成社会化的人。

2. 那些仅仅是为了保护他们的孩子，使社会免受其伤害，直到这些孩子年龄太大而不能被拘留，直到他们作为成年人走向世界，而这些成年人将一再陷入麻烦。如果严加管理，后一种机构可能运行得最平稳。

我们能否看出这实际上是非常危险的——将儿童保育制度建立在失调症收容所的工作基础之上，特别是建立在对少管所的罪犯进行“成功”管理之上？

以我所说，现在也许可以比较这三种类型的心理治疗。

当然，执业精神病医生需要能轻松地从一种治疗方法切换到另一种治疗方法，若有必要，还得同时进行各种治疗。

精神类疾病（第二类）要求我们组织一种复杂的“抱持”，必要时可包括身体护理。在这里，当患者无法应对周围的环境时，专业治疗师或护士便会介入。正如我的一位朋友（已故的约翰·里克曼）所说：“精神失常就是找不到任何一个可以容忍你的人。”这里有两个因素：患者的病情严重程度和环境对症状的耐受能力。通过这种方式，世界上有些人比那些精神病院的人病得更严重。

我所指的这种心理治疗可能看起来像友谊，但它不是友谊，因为治疗师是有报酬的，只能通过预约在限期内与患者见面，因为每次治疗的目的都是达到一个点，在这个点上，专业关系结束了，患者的生活和人生自此由自己接手，然后治疗师再接着做下一份工作。

和其他专业人士一样，与私人生活相比，治疗师在工作中的行为会受到更高标准的要求。他会很守时，能够满足患者的需求，在与患者接触时，他不会（从患者身上）满足自己受挫的欲望。

很明显，这类重症患者确实给治疗师的诚信带来了很大的压力，因为他们确实需要人际交流和真情流露，而且他们还需要绝对依靠他们最大程度上可以依赖的关系。最大的困难是当患者在童年受到过诱奸时，在这种情况下，在治疗过程中一定会经历一种妄想，即治疗师在重演诱奸。自然，患者能否康复取决于这种童年诱奸能否得到解除，这种诱奸使孩子过早地进入真实而非想象的性生活，并破坏了孩子无忧无虑玩耍的特权。

在治疗神经官能症（第一类）的过程中，弗洛伊德设计的经典精神分析环境很容易达到，因为患者给治疗带来了一定程度的信念和信任能力。由于所有这些都被认为是理所当然的，分析师就有机会允许移情以它自己的方式发展。在分析材料中出现了以符号形式表达的梦、想象和想法，而不是患者的妄想。随着治疗进程的推进，患者在无意识中与治疗师达成合作，那些符号将得到解释。

时间有限，故精神分析技术的全部内容已悉数呈现，虽然它很难，但也是可以学会的，它不像精神失调的治疗方案那样令人疲惫。

正如我所说，只有当患者濒临反社会倾向的危险边缘时，在再度受益和犯罪技能确立前，旨在应对患者反社会倾向的心理治疗才会起效。只有在早期阶段，患者才知道自己是一名患者，并真正感到自己需要找到障碍的根源。如果可以沿着这些思路开展工作，医生和患者就可以利用任何可用的线索，包括已知的既往病史，进入一种侦探故事里，而这项工作深埋于无意识和有意识的生活以及记忆系统之间。

在正常人身上，介于无意识和意识之间的那层空间被文化诉求占据着。违法者的文化生活是出了名的贫乏，因为他们没有自由，除非逃向未被记忆的梦想或现实之外。任何探索中间领域的尝试都不会导致艺术、宗教或游戏蓬勃发展，而是会导致反社会行为，这种行为具有强迫性，本质上对个人没有回报，也对社会有害。

治愈

1970年10月18日，星期日，在哈特菲尔德圣路加教堂给医生和护士所做的演讲

借此机会，我希望能表达一些想法和感受——这些想法和感受人皆有之。

在此并不涉及内心体验的宗教，这不是我的专长，但会涉及我们作为医生的哲学，这种哲学也是一种外部关系的宗教。

在我们的语言中有这样一个词：治愈。如果允许这个词讲话，它就能讲一个故事。词汇有这样的价值，它们有词源，它们有历史，就像人类一样，它们有时也在努力建立和维护自己的身份。

“治愈”一词表面上指的是宗教和医学实践中的一个共同点。

我认为，治愈在本质上意味着护理和照看。大约在1700年，它开始退化为一种医疗手段的称谓，如水疗。又一个世纪后，新含义出现：病人恢复健康，疾病被消灭，恶魔被驱除。

让水和血
成为罪恶的双重治疗

这两行诗已经不仅仅喻示了“治愈”的词义是从照顾到疗法的过渡。我在这里要考察的就是这一转变。

在医学实践中，人们会发现在使用这个词时有两个极端，之间存在着不小的差距。治愈，在救治的意义上，意味着成功地根除疾病，今天往往将治愈视为护理。医生们一直在进行一场斗争，以防止这个词的两个含义彼此间失去联系。可以说，全科医生知道护理，但必须了解救治。相比之下，专家则被诊断和根除疾病的问题所困扰，他必须努力记住一点：护理也属于医疗实践。在这两个极端位置的其中一个位置上，医生是一名社会工作者，他几乎是在为宗教牧师所提供的水塘中钓鱼。在另一个极端位置上，医生是一名技术人员，无论是在诊断，还是在治疗方面。

这一领域太宽广了，以至于实现某种形式的专业化是不可避免的。然而，作为思想家，我们得尝试一种整体方法。

作为医生和护士，人们希望我们做什么？当我们自己不成熟、生病或年老时，我们希望同事做什么？这些条件——不成熟、疾病、年老，带来了一种依赖性。因此，对可靠性的需求随之而来。作为医生、护士和社会工作者，我们被要求在人性上（而不是机械地）可靠，在我们的整体态度中建立一种可靠性。（目前，我必须假设我们有能力识别这种依赖性，并根据我们发现的东西做出调整。）

关于有效救治的价值是没有争议的。（举例来说，我将我不是瘸子这个事实归功于青霉素的诞生，我夫人也将她能够继续安度余生这件事归功于青霉素的诞生。）医学和外科实践中的应用科学被视为理所当然之事。我们不太可能低估具体疗法的价值。然而，从接受这一原则开始，观察者和思考者就有可能继续进行其他考虑。

可靠性遇见依赖性是本次演讲的主题。很显然，这一主题会带来无限的复杂性，因此需要设立人为的边界来划定讨论的领域。

你马上就会发现，这种谈话方式将以自己名义执业的医生与为社会执业的医生区分开来。

如果要我来批评医学专业，那么我应该指出的是，自从 50 年前获得行医执照以来，我一直为成为该专业的一员而感到自豪，除了当医生之外，我再也不想做其他任何事情。这一事实并不妨碍我看到我们的态度和社会主张中明显的错误，我向你们保证，我对那些瑕疵都了然于心。

也许只有当我们是患者时，我们才最容易看到同事身上的缺点。与此同时，我们可能会发现，只有当我们生病并最终得到康复时，我们才最清楚我们欠了医疗和护理专业什么。

当然，我指的并不是错误。我个人犯了一些我不愿去想的错误。

有一次，在注射胰岛素之前，我曾经不假思索地遵循上级的指令，结果害死了一名糖尿病患者。这个人无论如何都会死的事实并没有让我感觉好受些。我还做过更糟糕的事。幸运的是，年轻的医生在同事中建立一定的地位以帮助他度过灾难之前，没有被暴露出无知的一面来。他仍是快乐的，但这些同事将会目睹他经历一系列灾难。这一切其实都在走老路。我们接受了易犯错这件事，并把它作为拉近彼此关系的事实。

当我们表现良好，未曾体会过悔恨时，我希望看看你和我从事医学、手术和护理的方式。

我能如何选择？对我来说，有必要借鉴我在精神分析和儿童精神病学实践中的专业经验。从精神病学到医学实践中，有大量潜在的反馈可被提供给医疗工作者。精神分析不仅仅是在解释被压抑的无意识，它更提供了一个专业的信任环境，只有在信任中，这样的工作才能开展起来。

我个人逐渐从一名面对孩子及其家长的精神科医生转变为一名精神分析师。精神分析（如分析心理学）与一种理论以及对少数自选和挑选的个人的强化训练有关。培训旨在提供达到无意识动机的心理疗法，在本质上利用了所谓的“移情”等等。

我将阐述我和我的同事在工作中产生的一些原则。我选择了六个描述性类型：

1. 等级。

2. 谁病了？依赖性。

3. 护理—治愈处境对我们的影响。

4. 深远影响。

5. 感恩或安抚。

6. 抱持、促进、个人成长。

第一，等级问题。我们发现，当我们在自己的专业领域与一个男人、女人或孩子面对面时，我们只是两个地位平等的人。层级消失了。我或许是一名医生、护士、社会工作者、寄宿家庭的家长——或者，我可能是一名精神分析师或牧师。这都没什么区别。重要的是人际关系具有丰富而复杂的人类色彩。

等级制度在社会结构中占有一席之地，但在临床冲突中却无迹可寻。

第二，从这里开始，我们向这个问题迈出了一小步：这两个人中，谁病了？有时这只是一个与便利相关的问题。有价值的是，对疾病和生病的理解带来了即时的缓解，因为它使依赖性合法化了，而成功声称自己病了的人会以一种特定的方式受益。“你生病了”这件事很自然地让我成了一个对需求做出反应的人，也就是说，要满足需求、关切病人，并要具有可靠性，以及在照顾的意义上治疗病人。医生、护士或任何人都会自然而然地对患者采取一种专业态度。这并不会带来优越感。

生病的会是二者中的哪一个呢？有人大概会说，假设治愈的立场也是一种疾病，只不过它是硬币的另一面。我们需要我们的病人，就像他们需要我们一样。德比的市长最近引用了圣文森特·德·保罗的话，他对他的追随者说：“祈祷那些穷苦的人原谅我们帮助了他们吧！”我们可以祈祷生病的人原谅我们对他们的疾病需求做出回应。我们谈论的是爱，但如果爱是由专业人士在专业环境中提供的，那么这个词的含义必须得明确地表达出来。在本世纪，是精神分析学家在做这项工作。

第三，现在，我们可以看看这种“关心者”角色的假设对我们自己、付出关心、护理和治愈的影响。我们可以关注五个主要的方面：

（1）在护理治疗师的角色中，我们是非道德主义者。告诉病患者生病是邪恶的，这无助于患者。把小偷、哮喘病患者或精神分裂症患者归为道德主义者也无济于事。病人知道我们不是来评判他的。

（2）我们极其诚实，坦率地说，我们说不知道就是真的不知道。一个生病的人无法忍受我们对真相的恐惧。如果我们害怕真相，那我们就不会做医生了。

（3）我们只能通过在我们的专业中工作的方式，成为一个可靠的人。关键是，通过（以专业化的形式）成为可靠的人，我们可以保护患者免受不测，他们中的许多人正遭受着这种痛苦，作为人生模式的一部分，他们受到了不可预测的影响。我们决不能就此屈服。在不可预测性的背后是心理混乱，在这背后可以发现躯体功能方面的紊乱，即无法想象的身体焦虑。

（4）我们接受患者的爱和恨，并受其影响，但我们既不挑起爱和恨，也不希望在职业关系中获得情感上的满足（爱或恨），这本该在我们的私人生活中，在个人领域或内在心理现实中，抑或当梦境显现出各种形态时得到解决。（在精神分析中，这作为一个基本因素得到了研究，而“移情”这个名称是指患者和分析师之间产生的特定依赖关系。从事物理疗法和外科的医生可以从精神分析中学习很多。举一个非常简单的例子：如果医生出现在既定时间，他会体验到患者对他巨大的信任力，这不仅可以减轻病人的痛苦，而且还可以促进其躯体的康复，甚至是身体机能的复原。）

（5）我们假设并且很容易同意这样一种假设：医生或护士不是为了残酷而残酷。残酷不可避免地会出现在我们的工作之中，但我们必须在职业关系之外的生活本身中，去寻找沉溺于残忍的机会。专业工作中并无报复的余地。当然，我可以说出医生们施行的暴行和恶行，但我们在此发现，不难把这种渎职行为放在正确的位置上。

第四，为了进一步了解我们对疾病的认识以及患者的依赖需求对我们的影响，我们必须考虑更复杂的人格结构问题。例如，心理健康的标志是一个人能够富有想象力而又准确地了解另一个人的思想、感情、希望和恐惧，并且也允许其他人对我们做同样的事。我认为，通过自我选择，护理医生和医生会很擅长这类事情。但驱魔者和治疗者并不需要它。

有时，能很好地使用交叉认同可能会是一种负担。然而不知何故，在选择医学生的过程中，一个重要的特征（如果可以测试的话）肯定是评估我所说的交叉认同的能力，即能够站在别人的立场上，也允许别人站在他的立场上。毫无疑问，交叉身份极大地丰富了人类的所有体验，而那些在这方面能力较差的人发现自己很无聊，对其他人来说，他们也很无聊。此外，他们在医疗实践中无法获得远超技术人员的功能，他们可能会在不知情的情况下造成很大的痛苦。詹姆斯·鲍德温（James Baldwin）最近在英国广播公司（BBC）发表讲话时提到了基督徒忘记提及的罪行：不察觉之罪。我可以在这里补充一点对于妄想交叉识别的说明。这些确实造成了巨大的破坏和混乱。

第五，接下来，我会回到感恩的问题上来。我在引用圣文森特·德·保罗的话时提到了这一点。感恩看起来非常不错，我们喜欢这瓶威士忌和一盒巧克力，这是患者表达感谢的方式。然而，感恩并没那么简单。如果一切顺利，患者会认为这是理所当然的，只有在出现疏漏的情况下（例如遗落在腹腔内的拭子），他们才会去投诉医生。换句话说，大多数感恩（当然，它们往往是夸张的感恩）都是一种抚慰：有潜在的报复势力，所以最好能平息它们。

病人躺在床上思考着该送出什么样的大礼，以及遗嘱中需要添加些什么，但医生、护士和其他人都很高兴的是，在出院后，悲伤的病人很快就忘记了这些过往（或许这些过往也刻骨铭心）。我想声明的一点是，医生和护士反复体验着这种哀悼。我们职业生涯中的一个危险便是，我们可能会变得冷酷无情，因为患者的来来往往使我们警惕着不要喜欢上新来的病人。尤其是护理患病婴儿的护士，或是接管留在电话亭里的婴儿，又或是照看在维多利亚车站失物招领处的手提包中被发现（如欧内斯特一样）的婴儿。

乡村医生可能是解决这一问题的答案，因为医生就和病人住在一起，这当然是最好的为医之道。医生和病人都会一直住在那里，但这种事只是偶尔发生。

对于执业医生来说，从那些专门从事护理治疗的人（而不是驱魔师）那里能学到很多。

第六，有一件事特别需要反馈到医疗实践中，我将就此作为结尾。那就是照顾和治疗是抱持概念的延伸。它从子宫里的婴儿开始，然后是怀抱中的婴儿。丰富的抱持来自婴儿的成长过程，母亲使之成为可能，因为她知道自己生下的这个婴儿是什么样子。

促进性环境促成了个人成长和成熟进程的这个主题，必须是对于双亲照顾的描述以及对于家庭功能的描述，这会引入整个民主制度——作为家庭促进的非政治延伸的建立，因为成熟的个体最终会根据其年龄和能力参与政治以及政治结构的维护和重建。

随之而来的是个人身份感，这对每个人来说都是必不可少的。而且在每个个体身上，人格同一性只会在足够好的母性照料，以及在个体成熟的各个阶段提供了多样化抱持的环境下实现，仅靠成熟的过程并不能使个人成为一个个体。

因此，当我从护理治疗的意义上谈论治疗时，我们会看到医生和护士有着满足病人依赖性的自然趋势，但现在，我们要从健康的角度来阐述这一点：我们是从不成熟个体的自然依赖性的角度写下这些的，这种依赖性唤起了抚养者去提供条件来促进个体的成长。这不是治疗，从治疗的意义出发，更像是一种护理治疗，这是我演讲的主题，它可以成为我们职业的座右铭。

就社会疾病而言，护理治疗在世界上可能比补救治疗更为重要，所有诊断和预防都遵循通常所说的科学方法。

在这里，我们与社会工作者站在一起，他们的术语“社会工作”可以被视为“抱持”一词的高度扩展，以及护理治疗的实际应用。

在专业环境中，如果给予适当的专业行为，患者可能会找到个人解决情感生活和人际关系复杂问题的方法。我们所做的一切是为了促进成长，而不是采取干预治疗。

护理治疗对临床医生而言是否太过强人所难？从要求更高的费用方面来看，我们在这方面的工作似乎失败了，它破坏了公认的等级制度的地位体系。然而，合适的人会很容易学会照顾和治疗，而且它会带来更多的满足感（比感觉自己很聪明还要多）。

我建议我们在专业工作的照顾和治疗方面找到一个应用原则的环境，这些原则是我们在生命之初学到的，那时我们作为不成熟的人得到了足够好的护理，可以说，最好的预防药物就是尽职的父母。

当发现一个人的作品与整个自然现象、普遍现象以及我们期望在诗歌、哲学和宗教中找到的最好的东西联系在一起时，这是一种安慰。

PART 2 家庭

母亲对社会的贡献

温尼科特博士第一部广播演讲集附言，以《儿童与家庭》为标题出版，1957 年

我想每个人都有一种浓厚的兴趣，这是一种趋向某物的深层驱动力。如果一个人的生命足够长，以至于可以回首往事，那么他会发现一种紧迫的趋势，这种趋势已经将他私人生活和职业生涯中的各种各样的活动结合起来了。

就我而言，我已经看到了，找到、欣赏并理解普通的好母亲的迫切需要，在我的工作中到底扮演了一个多么重要的角色。我知道，父亲也同样重要，事实上，对母亲的兴趣自然包括对父亲的兴趣，以及他们在儿童保育中发挥的重要作用。但对我来说，需要对话的

对象一直以来都是那些母亲。

在我看来，人类社会似乎缺少一些东西。孩子们长大了，然后成为一名父亲或母亲，但总的来说，他们并未长大到足以了解和承认在开始时他们的母亲都为他们做了些什么。原因是母亲所扮演的角色直到最近才开始被人们认识到。但在这里，我必须澄清一点，有些事情并非我本意。

我并不是说孩子们应该感谢母亲孕育了他们。当然，他们可能希望最初的相遇给双方都带来了愉悦和满足。父母当然不能指望因孩子的存在而得到感谢，毕竟并不是婴儿自己要求降生的。

还有其他一些事情也非我本意。例如，我并不认为由于父母合作建立了这个家并共同处理各种家庭事务，孩子就会对他们负有任何义务，即使最终孩子可能会生出一种感激之情。好的父母确实会建立一个家庭，并使大家都团结在一起，从而提供儿童保育的基础物资，以持续供给一种环境，在此，每个孩子都可以逐渐找到自我和世界，以及两者之间的关系。父母不想为此而得到孩子们的感激。他们得到了回报，但比起被感谢，他们更愿意看到自己的孩子长大，然后组建家庭并生儿育女。这也可以反过来说，当父母把孩子带到这个世界，却没有为孩子提供他们应得的生活保障时，孩子责怪父母也无可厚非。

在过去的半个世纪里，人们对家庭价值的理解有了很大程度的提升。（如果这种意识首先来自对不良家庭影响的理解，那就没有什么帮助了。）我们知道为什么这项漫长而艰巨的任务——父母养育孩子，是一项值得做的工作。事实上，我们认为它为社会提供了唯一现实的基础，它是一个国家社会制度中民主倾向的唯一制造厂。

但家是父母的责任，不是孩子的责任。我在此想明确表达一点，我没有要求任何人表达感激之情。我的关注点既不追溯到受孕（概念），也不追溯到建立家庭（房屋建造）。我关心的是母亲在孩子出生前以及出生后的前几个星期和几个月内与孩子的关系。我试图让大家关注的是，一位平凡且尽职的母亲在丈夫的支持下，一开始就为个人和社会做出了巨大贡献，即全然专注于她的宝宝。

是否因为尽职的母亲所做出的贡献实在是太大，所以才没有被人们确切地认识到？如果这一贡献被接受，那么每一个理智的男人或女人，每一个感觉自己真正存在于这个世界上的男人或女人，每一个对这个世界有意义的人，每一个幸福的人，都会对一个女人抱有无限的感激。当这个人还是婴儿时，他对依赖性一无所知，但绝对的依赖性是存在的。

让我再次强调，这种认可的结果不会是感激，甚至不会是赞扬。其结果将是减轻我们自己的恐惧。依赖性是每个个体在发展初期的一种历史事实。如果我们的社会没有及时承认这种依赖性，就一定会留下一种基于恐惧的障碍，不仅阻碍进步，也阻碍倒退。如果没有真正认识到母亲的作用，那么就一定会残留着一种对于依赖性的模糊的恐惧。这种恐惧有时会表现为对女性，或对某个女人的恐惧，而在其他时候则表现为不太容易识别的形式，比如被支配的恐惧。

不幸的是，被支配的恐惧并没有使人们避免被支配。相反，它将他们引向一种特定的或选择性的支配。事实上，如果研究独裁者的心理，人们会发现，他在个人斗争中试图控制他无意识中惧怕的女人，他试图通过将她划入自己的范围之内、为她行事来控制她，并且继而要求完全服从和“爱”。

许多社会历史学的学生认为，对女性的惧怕是人类群体中看似不合逻辑的行为的关键原因，但这种惧怕很少能追溯到其根源。这种对女性的惧怕可以追溯到每个人的历史根源，它最终变成了对承认依赖性这一事实的恐惧。因此，我们有充分的社会理由对早期阶段婴儿与母亲的关系进行研究。

就我而言，我恰好被这件事吸引了，我想尽我所能地找出“奉献”这个词的含义，并且尽可能充分了解和感受到对母亲的认可。在此，男人的处境比女人更困难。显然，他无法通过在适当的时候也成为一名母亲而与母亲达成和解。他别无选择，只能尽可能地意识到母亲的成就。母性作为他性格中的一种品质，其发展还远远不够，而男人身上的女性气质被证明是解决主要问题的一条旁道。

对于被这个问题所困扰的男人来说，一个解决办法就是参与对母亲角色的客观研究，尤其是她在开始时扮演的角色。

目前，母亲在生命初期的重要性经常被否认，取而代之的是这样的说法：婴儿在最初几个月只需要一种技术型的身体护理，因此一个好的护士也能胜任母亲的角色。我们甚至发现有些时候，母亲们被告知必须做一名好母亲，这是一种最极端的否认，否认了“母亲之道”是作为母亲自然产生的。经常发生的情况是，在理解某件事之前，会有一个否认、无视或故意视而不见的阶段，就像大海在抛出雷鸣般的巨浪之前，海水会从沙滩上退去一样。

环境整洁、卫生准则、促进身体健康的强烈愿望以及所有其他一些事情都会成为母婴间的阻碍，母亲们自己也不太可能齐心协力地抗议干预。必须有人去帮帮那些初为人母的年轻妈妈，她们自己也必然处于一种依赖状态。可以想象，无论存在多大的挫折，刚生了宝宝的母亲都不会为了反抗医生和护士而闹罢工，因为她的生活已经被其他事给占满了。

虽然我的许多广播演讲都是面向母亲的，但主要涉及的年轻母亲不太可能听到这些演讲。我不期望能改变这一点。我不能假设年轻的母亲们会想知道，当她们发现自己喜欢照顾自己的孩子时，她们所做的一切到底意味着什么。她们自然害怕那些教学会破坏她们的享受和创造性体验，而创造性体验是导致满足感和成长的基本要素。年轻的母亲需要保护和信息，她需要医学能够提供最好的身体护理和预防那些本可避免的意外事故。她需要一个她认识并信任的医生和护士。她还需要丈夫的关注，以及令人满意的性体验。不，年轻的母亲通常不会是一个只知道看书的学习者。然而，在准备广播节目时，我一直保持着与年轻母亲直接对话的习惯，因为这提供了一种纪律约束。一位精通人性的作家需要始终关注那些简单的语言，远离心理学家的行话，因为这些行话可能只在科学期刊上有价值。

也许一些人已为人母，因此有能力拿起手边的一本书，兴致盎然地阅读这些文字，对于目前非常需要做的事情，她们可能会尽一份力，也就是说，向平凡且伟大的母亲提供道义上的支持（无论其是否受过教育，是否聪明伶俐，是富有还是贫穷），并保护她们不让任何人或事挡在她们和宝宝之间。我们要共同努力，使母亲和她的新生儿之间的情感关系得以开始并自然发展。这项集体任务是父亲工作的延伸，特别是最开始时父亲的任务，那时，他的妻子怀孕、生产和哺乳婴儿，而在这个时期，婴儿还没开始以其他方式用到他。

家庭中的孩子

1966 年 7 月 26 日，在牛津新学院举办的主题为“初等教育的发展”托幼所协会会议上的讲话

近年来，人们写了大量以儿童和家庭为主题的文章，我们很难知道如何以一种普通的方式来为这个宏大的主题做出贡献。我们一定会有这样的感觉，一切都是老生常谈，这个主题已经没什么新鲜东西可分享了。不过最近方针上的重点发生了改变，出现了一些新情况，重点被放在家庭而非个人层面。人们有了某种改变社会工作模式的计划——以家庭为对象，而孩子被视为家庭的一部分。

在我看来，这种改变不值一提，因为儿童一向是在与家庭的关系中或与家庭缺失的关系中被研究的。但无论如何，我们可以尝试

利用任何能增加新鲜感的东西。在我看来，在儿童治疗中，的确缺乏重视。长期以来，精神分析学一直把独生子女作为一种孤立现象来进行治疗。这是无济于事的。然而，在精神分析界有一种变化，这种变化是通过思想的发展过程来实现的。然而，最近方针上的变化并不是针对精神分析师的。它针对的是一般的社会工作，我要说的是，社会工作始终都将儿童放在其家庭中去考察。

在我看来，现在有一种危险，即过分强调从家庭和其他群体的角度来处理人类所遇到的困难，以此逃避对个人的研究，无论是婴儿、儿童、青少年还是成年人。在每一个个案所涉及的工作中，社会工作者必须在某个地方或其他地方会见小组外的个人。这就是最大的困难所在，也是带来变革的最大潜力所在。

因此，我以一个请求开始：请记住每个孩子，记住孩子的发展过程，孩子的痛苦，孩子对个体帮助的需要，孩子利用个体帮助的能力，同时也要记住家庭和各种学校团体以及所有其他导致我们称之为社会团体的重要性。

在任何一个个案工作中，都必须决定谁才是本例中的患者。有时，虽然孩子被视为带病之人，但造成并维持了这种困扰的却是其他人，甚至可能是由社会因素导致的。这些都是特例，社会工作者也充分意识到了这一问题，但这不应让他们忽视一个事实，即在绝大多数情况下，当儿童出现症状时，这些症状表明了儿童处于痛苦之中，而最好的解决办法是与儿童一起工作。

我想提醒大家的是，在社会上存在的无数案例中尤其如此，但儿童指导诊所并没有这样做，当然，这些诊所往往会处理更不常见、更复杂的案例。换言之，如果你环顾一下你在家庭和社会环境中认识的孩子，你会看到大量的孩子需要的只是些许的帮助，但他们永远不会去诊所。我的意思是，这些孩子可以得到最好的帮助，需要个人的关注。诊所中的儿童并不能代表社会中所有需要帮助的儿童。我之所以满怀信心地说这句话，是因为在座的听众都是老师，你们所教的大多数孩子都不是临床病例。他们是普通的孩子，或是那些属于你的社会群体的孩子。无论昨天、今天还是明天，几乎每个孩子都需要在一些个人问题方面得到帮助。在学校里，你处理这些问题的方法通常是忽视这些问题，或通过严明的纪律，或通过教孩子一项技能，或是为创造性冲动提供机会。必须承认的是，总的来说，你的心理学观点必须与社会工作者和儿童精神病医生的观点有所不同。

你们会明白一定存在这样的重叠：一些孩子应该去诊所，而一些诊所的孩子应该在叔叔婶婶、学校老师，以及社会福利的各类帮助下解决困难。

群体与个人的关系

为了充分利用你们给予我的这次机会，我想在一些细节上提醒你们，家庭是一个群体，其结构与个体人格结构有关。家庭是第一个出现的群体，在所有群体中，家庭是最接近单元人格的群体。第一个分组只是对单元结构的复制。当我们说家庭是第一个群体时，很自然地我们是在谈论个人的成长，这是有道理的，因为单纯的时间流逝与人类生活在强度上根本无法与这样一个事实相比——在某个时间点上，每个人开始并通过一个成长过程，将一部分时间区域变得个人化。

孩子开始与母亲分离，在母亲被客观看待之前，她可能被称为主观对象。孩子在使用母亲作为主观对象（即自我的一个方面）和非自我的对象（因此不在全能控制范围内）之间经历了一个很大的颠簸。母亲在使自己适应孩子的需要方面发挥了最重要的作用，因此她模糊了我提到的这个可怕的颠簸，这就是我之前所说的满足现实原则方面的内容。母亲的形象被复制了。

在一些文化中，人们会刻意阻止母亲成为一个人，这样孩子可以从一开始就免受损失带来的冲击。在我们的文化中，我们倾向于认为，当母亲成为一个适应外界的人时，孩子经历全部的冲击是正常的，但我们必须承认，受害者是存在的。当这件事发生在一个母亲身上时，会产生一种丰富的体验，这是有利于它的主要论点。这一领域的人类学研究为研究人员提供了引人入胜的材料，以观察由社会决定的早期有意地将母亲的角色分割开的结果。

父亲以两种方式介入其中。在某种程度上，他是复制母亲形象的人之一，在过去的50年里，风向发生了变化，因此父亲对他们的婴儿来说，比几十年前更真实地扮演着母亲的角色。然而，它妨害了关于父亲的另一件事，即他作为母亲的一个方面进入孩子的生活，那是强硬、严格、无情、不妥协、坚不可摧的，在有利的情况下，他会逐渐成为一个既让人感到恐惧和憎恨，又令人爱和尊重的人。

一个群体就这样发展起来了，我们必须看到这个群体是以两种方式形成的。第一组只是属于儿童人格结构的延伸，这取决于成长过程。另一组取决于母亲以及她对这个孩子的态度，依靠另外一个可能被作为母亲角色的人，依靠母亲对代理母亲的态度，依靠当地的社会态度，还要依靠前文所述的父亲角色的两个方面之间的平衡。当然，在任何情况下，父亲可能缺席，或者可能非常引人注目，这些细节对我们碰巧谈论的特定孩子的“家庭”一词的含义产生了巨大的影响。

顺便提一句，我知道有这样一个孩子，她给她的过渡对象取名为“家庭”。我认为，在这种情况下，人们很早就认识到父母关系的匮乏。在一个早到令人惊异的时间，这个孩子就试图通过她的洋娃娃家庭来弥补她所认识到的匮乏。这是我所知道的唯一一个发生这种情况的例子，三十年后的今天，这个人仍然无法接受父母之间的疏远。

到目前为止，我希望能提醒大家，当我们简单地谈论一个孩子及其家庭时，我们往往忽略了这个孩子获得家庭的微妙阶段。并不仅仅是说有父亲和母亲，诞生新的孩子就成了一个家。父母和孩子，以及姨、叔叔和堂兄弟姐妹等组成的家会更丰富。这只是一个观察者的发言。一个家庭有五个孩子，就有五个家庭。即使不是精神分析学家，我们也能发现，这五个家庭不需要彼此相似，当然也不完全相同。

现实原则

既然我已经介绍了家庭的概念，以及主观客体转变为客观感知的概念，那么我想继续谈谈这方面的研究。就在这两种关系之间，人类的发展发生了惊人的巨大变化。我个人试图通过充分利用我们对过渡性客体和过渡性现象的观察来做出贡献。过渡性客体包括：当儿童正在度过这个客观感知能力有限的阶段时，他所利用的所有东西（过渡性客体）。其中，客体关系的主要经验必须继续与主观客体有关。（顺便提一下，这里不可能使用“内部对象”这个词。我们可以看到的对象是外部的，是主观感知的，也就是说，它来自孩子的创作冲动和孩子的头脑。当孩子有了内部世界，将外部感知的对象带入并将其设置为内部图像时，这是一个更复杂的情况。我们正在讨论的是在这种描述有意义之前的一个阶段。）

在这种描述中出现的一个困难是，当一个处于这个阶段的小孩关联到我所说的主观客体时，毫无疑问，客观感知同时也在起作用。换句话说，孩子不可能完全虚构出母亲左耳的样子。然而，在这个阶段，我们必须说，孩子正在拨弄的母亲的左耳是一个主观对象。这个孩子伸出手来，创造了那只特殊的耳朵，它碰巧就在那里被发现了。这就像在剧院幕布被拉开时一样令人激动。当幕布上升时，我们每个人都会创作出将要上演的戏剧，之后我们甚至可能会发现，我们每个人创作内容的重叠，为已经上演的戏剧的讨论提供了素材。

如果不说明在这里的某处存在一种具有欺骗性的因素，我将不知道该如何继续深入这个话题。欺骗是个人发展与物体相关的能力所固有的。我正向你们分享这篇文章，你们是我创造出来的听众。但必须承认的是，在写这篇文章的时候，我在某种程度上也考虑到了在场的听众，事实上他们现在就在这里。我想，现在在座的观众可以在某种程度上与我写文章时想到的观众结合起来，但不能保证这两类观众能够相互联系。在写这篇文章的时候，我必须在我称之为过渡的领域中发挥作用，在这个领域中，我假装我的观众就是此刻的你们。

我有时会用“过渡现象”来指称我正在讨论的这个阶段，它对每个孩子的发展都很重要。在“平均预期环境”中我们需要给孩子时间，以便孩子在获得使用幻想的能力、召唤内心现实和梦想的能力，以及操纵玩具的能力时，会有人以极其敏感的方式帮助他们适应。在游戏中，孩子进入了我所说的欺骗的中间区域，尽管我想明确的是，在欺骗这个特定的方面，我们看到的是健康。孩子在自己和母亲或父亲之间占据了一个位置，无论是谁，在那里发生的任何事情都象征着这两个独立事物的整合或不分离。这个概念真的很抽象，而且颇有哲思。这也可能会让那些实际上已经从神迹概念中成长起来的人再次体验宗教。

孩子在这里需要一段时间，在这段时间内，稳定的人际关系可以被用来发展过渡现象和玩耍现象的中间区域，这个孩子创建了这一区域，从而使其可以享受从使用符号中获得的一切，因为比起整合本身，整合的象征为人类体验提供了更广阔的空间。

远离和回归

我要重申一点，在健康的发展中，孩子需要时间来充分利用这一阶段，在这里我要补充的是，孩子需要能够在同一天甚至同一时刻体验到与所有事物相关的各种客体。例如，你可能会看到一个小孩在享受与阿姨的关系，或者在享受与狗或蝴蝶的关系，而观察者可能会看到，这个孩子不仅在进行客观感知，也在享受发现所带来的丰富体验。然而，这并不意味着孩子已经准备好生活在一个被发现的世界中。在任何时候，孩子都会再次与婴儿床、母亲或熟悉的气味融合，并且被再次安置在一个主观环境内。我想说的是，孩子的家庭模式比其他任何东西都更能为孩子提供这些过去的痕迹，因此当孩子发现这个世界时，总存在有意义的回程。如果是孩子自己的家庭，那么回程不会给任何人带来压力，因为这是家庭的本质，它始终以自己和家庭中的人为导向。

虽然这些观点不需要说明，但我还是想从案例中挑一个事件来讲一讲。

一位女患者以患者经常使用的方式讲述了一件事，以此来总结她童年所积累的创伤。用她自己的话来说，这表明了时间因素的重要性。“那时我大概 2 岁。全家人都在海滩上玩耍。我离开了母亲，开始发现身边五彩斑斓的事物。我接连找到了不少贝壳，简直无穷无尽。突然，我感到害怕，现在我明白了，事情的起因是我对探索这个世界产生了兴趣，以至于忘记了母亲。正如我现在看到的一样，这让我想到母亲已经把我忘记了。因此，我转身跑回母亲身边，其实我离她的距离可能只有几米远。母亲把我抱起来，开始了一个重建我和她的关系的过程。当时的我对此浑然不知，因为我需要时间来感受一段关系被重新建立起来，并驱散那种恐慌感。可是母亲突然就把我放下了。”

这位患者正在分析并重演这一幕，通过所做的分析工作，她可以补充说：“现在我知道发生了什么。直到现在，我一直都在等待下一个阶段的到来，因为如果母亲没有放下我，我会把我的双臂搂在她的脖子上，然后大哭一场，那是喜悦和幸福的泪水。然而，事实上，我再也没有找回我的母亲。”

通过这个案例我们会理解，在讲述这起事件时，这位患者指的是这类情形的一种模式，这种模式基于对类似情形的叠加的记忆。这个例子的意义在于，它展示了一种非常微妙的方式——当一切顺利时，孩子对回程的信心就会被建立起来。理查德·丘奇（Richard Church）曾在其三卷自传（特别是最后一卷）中提到过这个主题。

在观察一个 2 岁的孩子时，我们可以很容易地看到远离和回归的共存，这种远离和回归很重要，也会带来一定的风险，一旦失败，就会改变孩子的一生。家庭中的不同成员有不同的角色要扮演，孩子们会利用这种角色去扩展他们的体验，以涵盖远离和回归的质量的广泛领域。

在这种情况下，孩子在学校和家里的表现往往很不一样。更常见的模式是，孩子在学校里会因为发现新事物、感知到新现实而兴奋，而在家里，孩子则是保守、孤僻、依赖，甚至是近乎恐慌的，因为他被母亲或其他亲近的人事无巨细地保护着而免遭适应性的危机。反之亦然，如果孩子在学校对某个人或环境充满信心，而在家里却变得易怒、缺乏信心和过于早熟，那么这种情况可能就不太正常，因此更有可能遇到困难。当家庭中没有孩子的位置时，就会发生这种情况。例如当第二个孩子成为三个孩子中的中间一个时，他或她在所有方面都面临着丧失，直到有人注意到孩子的脾性发生了变化。而且即使是在一个良好的家庭环境下，孩子也已经成为一个被剥夺的孩子。

忠诚与不忠

我想就“家庭”这一主题，与“发展中的个人”这一主题做进一步的讨论。在这一现象的诸多方面中，我想谈谈儿童发育中固有的忠诚度冲突。

用最简单的话来说，这个问题可以这样表述：一个从母亲身边走到父亲身边，然后再走回去的孩子，与一个从未有过这种经历的孩子之间有很大差别。

用更复杂的语言来描述，儿童在早期阶段并不具备控制自我内部冲突的能力。这是我们对社会工作者的要求，当成年人从事社会工作，并且在一段时间内接纳个案中固有的冲突时，我们知道这会给他们带来多大的压力。社会工作者更重视个案的这种接纳，而不是与构成个案的群体中的个人有关的任何具体行动。

我们一定能想到这一点，不成熟的孩子需要一个不被期待忠诚的环境，在家庭中，我们有希望找到这种对疑似不忠的容忍，如果它不是简单的成长过程的一部分的话。

孩子会转向与父亲之间的关系，并在此过程中发展出一种对母亲的态度，这种态度源自他与父亲的关系。结果呢？不仅可以从父亲所在的位置客观地去看待母亲，而且孩子与父亲之间也会发展出一种爱的关系，而其中会包括对母亲的怨恨和惧怕。从这个位置回到母亲身边是危险的。然而，孩子终究会回到母亲身边，会在这种熟悉的环境里，客观地看待父亲。这时，孩子的感情会包含着仇恨和恐惧。

这类事情在孩子的日常家庭生活中反复上演着。当然，这种体验不一定只存在于与父母的关系中；也可以是从母亲到护士（或姨妈、祖母、大姐姐）那里再回来的体验。渐渐地，在家庭中，所有这些可能性都可以被满足和体验，慢慢地，孩子便可以接受与之相关的恐惧了。此外，孩子可以享受所有这些冲突带来的兴奋——只要它们能够被控制。在游戏中，一个家庭的孩子引入了所有紧张和压力，这些紧张和压力都属于这种不忠的实验，甚至包括存在于环境中的成年人之间的紧张和嫉妒。从某种意义上说，这是一种从理论上描述家庭生活的好方法。也许孩子们对扮演父亲和母亲的巨大兴趣来自对不忠体验的渐进式扩大。

有时，当一个较晚出生的孩子来到一个家庭里时，人们可以发现这些游戏是多么重要，他显然不能利用哥哥姐姐的游戏，因为这些游戏已经演变成一种情结，这对哥哥姐姐来说是有历史的。新生儿可能会以机械的方式参与进来，并感到被严重淘汰或消灭了。因为这种参与不是创造性的，新生儿需要重新开始，从最简单的开始建立起交叉忠诚的情结。

当然，我知道属于家庭游戏的情感中有积极和本能欲望的特征，但让人兴奋的内容在很大程度上与交叉忠诚有关。这样看来，家庭游戏是对生活的完美准备。

我们会看到，学校可以轻松地为生活在家庭中的孩子提供巨大的帮助。对于大部分时间都在玩游戏的小孩子来说，学校里玩的游戏并不基础，很快他们就会玩发展技能的游戏。然后就会出现团队纪律的问题。所有这些都是一种简化，有些人很喜欢这种简化，有些人却对其感到讨厌。对于那些能够忍受家庭游戏的人，以及那些能够忍受孩子们在家庭中玩耍这一事实的家庭来说，将学校给予的那种相对于家庭游戏的简单化视为一种困顿，这还为时过早。

相比之下，可以看出，独生子或孤独的孩子从早早地进入游戏群体中获得了一切，在那里，至少在某种程度上，游戏可以建立人际关系和交叉忠诚，这对孩子来说是创造性的。

这就是为什么在孩子到底应该在多大年纪去上学的这个问题上，我们永远无法有一个令人满意的答案。在这些微妙的问题上，如果要提供一些好的建议，就必须在每一个新的案例里对每一个方面都进行重新审视，这意味着在任何一个社区都应该有各种规定。当有疑问时，孩子的家是可以获得最丰富体验的地方，但人们必须时刻留意孩子，因为某种原因，孩子可能需要每天在家外度过好几个小时，才能在想象力的游戏中发挥创造性。

小学教育属于这样一个领域：孩子们宁愿分心，也不去解决生活中的复杂性，方式是学习、接受特定的忠诚、接受规则和标准，包括校服。有时，这些情况会一直持续到青春期，但当孩子们允许这样的事情发生时，无论从老师的角度来看有多么方便，我们都不会高兴。我们希望在每个孩子的青春期，都能重现在家庭游戏中创造性地出现的所有实验和交叉忠诚，只是这一次，兴奋不仅来自被唤起的恐惧，还来自新的、强烈的本能欲望体验，这种体验是随青春期而来的。

当然，家庭对青春期的孩子来说有着巨大的价值，尤其是因为他们中的每一个人，即使在健康状态下，也会在大多数时候感到极度恐惧，因为强烈的爱会自动产生强烈的仇恨。只有在家庭框架得以持续的地方，青少年才可以扮演父亲和母亲，而这正是他们在2~5岁时在家里进行的那些想象性游戏的实质内容。

在我看来，家庭往往被认为是由父母维持的一种结构，是儿童能够生活和成长的框架。它被视作一个孩子们发现爱和恨的感觉的地方，在那里他们可以期待同情和宽容，也会去激怒别人。但我一直所说的与我的感觉有关，在孩子应对不忠这方面，每个孩子在家庭功能中所起的作用有点被低估了。家庭引申了各种各样的群体，这些群体变得越来越广泛，直到有朝一日我们面对的是当地社区和整个社会。

孩子们最终必须像成年人一样生活在这个世界上，在这里，每一种忠诚都涉及一种相反的性质，这种性质可能被称为不忠。而在成长过程中有机会接触到所有这些东西的孩子，才最有可能在这个世界上占有一席之地。

最后，如果他选择回归，他就会发现这些我所说的不忠，是生活的一个基本特征，它们源于这样一个事实：如果你想成为自己，那就是对一切不是自己的东西不忠。世界语言中最具攻击性也是最危险的词汇可以在“我是谁”这个声明中找到。然而，我们必须承认的是，只有那些达到了这一阶段，并能够做出这种声明的人，才真正有资格成为社会的成年成员。

儿童学习

1968 年 6 月，在金斯伍德进修学院基督教团队合作教育学会主持的一次关于家庭福音的会议上宣读的一篇论文

我是作为一个人、一名儿科医生、一名儿童精神病医生和一名精神分析学家在本次会议上发言的。如果回顾过往的四十年，我就能看到一种态度的改变。40 年前，从事宗教教学的人并未指望心理分析师做出积极贡献。你们知道，我希望我被邀请到这里，不是作为一个宗教老师，甚至不是作为一个基督徒，而是作为一个在有限领域内有着丰富经验的人，一个心系人类成长、生活和成就等问题的人。你们的主席说，我比世上任何人都更了解儿童行为。这是他从某本书的封底看到的！你们希望我不仅仅是了解表面现象，或不

仅了解整个人格结构之上的行为。这里出现了“实现”一词。有些人研究儿童行为，却忽略了无意识动机和行为与人的内在冲突的关系，因此完全脱离了任何宗教——我想这才是你们主席想表达的意思，我是一个对人在家庭和社会环境中的发展感兴趣的人。

我从小便是卫理公会教徒的一员，但我恰恰是在教堂宗教实践之外成长起来的——真是幸运，我的宗教教育允许我拥有外界的成长经验。我知道在座的各位都很开明，对你们来说，宗教并不意味着每个星期天都会去教堂。在我看来，通常所说的宗教是从人性中产生的，而有些人认为人性是从野蛮中被人性之外的天启拯救出来的。

一旦我们决定看看精神分析是否能对宗教教学甚至宗教实践做出积极贡献，就会有很多具有重大意义的事情值得我们一起讨论。在这个近距离、客观观察的时代，你还需要奇迹吗？你需要沉迷于有关来世的想法吗？你有必要把神话列为思想的二等公民吗？你是否需要继续通过灌输道德观念来剥夺儿童、青少年或成年人天性中的善良？

我必须坚持一个主题，以便把演讲控制在一个小时之内，同时也限制在我有限的专业经验范围内。我想我今天之所以被邀请来这里，可能是因为我曾经说过关于孩子的信仰能力的话。这使得“把什么放在阶段的末尾”这一问题成了一个悬而未决的问题。我所做的就是把生活经验和教育分开。在教育中，你可以把对自己有意义的信仰传递给孩子，这些信仰源自文化或宗教对你耳濡目染的熏陶，或被你视作熏陶。但是，只有当孩子有能力相信任何事情时，你才会成功。这种能力的发展不是教育的问题，除非你把这个词扩展到它通常不具有的含义。它是一件关于体验的事。这种体验是发育中的婴儿或孩子作为一个人的体验，也是关于养育和照料的体验。在我们的讨论中，母亲出现了，可能也会出现父亲和其他生活在孩子身边的人——但首要的还是母亲。

你会发现，对我来说，我谈论的事总是关于成长和发展的。我从未单独考虑过一个人此时此地的状态，而会将这个人放在和环境的关系里，以及和其个体成长的关系里去看待。

个体婴儿天生具有遗传倾向，这些倾向强烈地推动个体在成长过程中前进。这包括人格的整合、人格在身心中的完整性以及客体关联的倾向。随着孩子开始长大并理解他人的存在，客体关联逐渐成为人际关系问题。所有这些都来自男孩或女孩的内心。然而，如果没有一个有利的环境，这些成长过程就不可能发生，尤其是在开始时，存在着一种几乎绝对化的依赖性。一个促进性的环境必须具备人的素质，而不是机械般的完美，因此在我看来，“足够好的母亲”这句话似乎满足了对孩子需要什么的描述——如果遗传的成长过程要在孩子个体的发展中成为现实的话。之所以刚开始会出现那些进步，是因为个体天性存在那些极其重要的、遗传的发展趋势——融合、成长，想摸索向前，想做一些事情，等等。如果有足够好的环境条件，这些事情就会发生在孩子身上。但是如果环境不够好，那么生活的界限就会被打破，那些非常强大的遗传倾向就无法让孩子实现个人成就。

一个足够好的母亲首先要高度适应婴儿的需要。这就是“足够好”的含义，这是一种母亲拥有的对婴儿认同的巨大能力。在怀孕末期，在孩子呱呱坠地之际，她们对孩子的认同感十分强烈，实际上她们知道孩子的感受，因此能够以满足孩子需求的方式去适应孩子的需求。然后，婴儿处于能够持续发育的位置之上，这就是健康的开始。母亲正在为婴儿的心理健康奠定基础，包括它带来的所有危险和冲突，以及属于成长和发展的所有尴尬和不安，而不仅仅是健康，比如还有满足感和丰富性。

因此，母亲和父亲（尽管在最开始的时候，父亲和婴儿并没有像母亲和婴儿那样的身体关系）有了不带怨恨地认同婴儿的能力，并且可以适应婴儿的需要。在过去的几千年里，世界上绝大多数婴儿在一开始就得到了母亲的悉心照料，否则，世界上的疯子会比正常人多，可事实并非如此。对有些女人来说，一个女人对宝宝的认同会呈现出一种威胁：她们想知道自己是否能找回自己的个性，由于这些焦虑，有些人在一开始就发现很难向这种极端的适应妥协。

很明显，母亲的形象满足了婴儿的本能需求。但在最初五十年的精神分析文献中，亲子关系的这一面被夸大了。分析界花了很长时间——关于儿童发展的思想受到了过去六十年左右精神分析思维的强烈影响——去考察如婴儿被抱持方式的重要性。然而，当你想到这件事的时候，它的重要性也的确不言而喻。你可以画一幅漫画，画一个人抽着烟，把孩子放在腿上，然后突然转过身把孩子放在澡盆里。不管怎样，你都知道这并不是婴儿需要的。这里涉及一些非常微妙的事情。我观察了成千上万的母亲，并与她们交谈，你们可以看到她们是如何支撑着婴儿的头部和身体抱起婴儿的。如果你手捧着孩子的身体和头部，却不把它看作一个整体，然后伸手去拿手帕或什么东西，那么宝宝的头就会一下子向后仰，孩子的头和身体变成了两部分。这样，孩子会哭闹不止，心悸不已。可怕的是，孩子的心里还会留下经久不散的阴影。然后，当孩子开始四处走动时，他就会对事情缺乏信心。我认为可以这么说，那就是当一切顺利时，婴幼儿不会记得什么，但当事情出现差错时，他们会记得很清楚。因为他们记得突然之间，他们的脖子向后一仰，他们生命的连续性倏忽中断，它通过了所有的防御，他们对此做出了反应，这是发生在他们身上的一件极其痛苦的事情，他们永远也摆脱不掉。到了可以四处移动的时候，他们一定也会带着这种记忆，如果这成为照料中的一种模式，他们就会对环境缺乏信心。

如果事情进展顺利，那么他们永远都不会说“谢谢”，因为他们并不知道事情进展顺利有多不易。在家庭中，有很大一部分未确认的债务是不算债务的。没有什么是被亏欠的，但是如果一开始没有人带领他或她度过早期阶段，那么任何人都不可能到达稳定的成年期。

这个有关抱持和抓握的问题引出了人的可靠性这一整体问题。我一直在说的这种事是计算机做不到的——它必须由人的可靠性来完成（换言之，不如机器般精准可靠）。在适应性的发展中，母亲对婴儿的适应能力逐渐减弱。因此，婴儿开始感到沮丧和愤怒，需要辨识母亲。我记得有一个三个月大的婴儿，当他在母亲的怀里吃奶时，他会先把手放在母亲的嘴里喂她，然后再吮吸她的乳汁。很明显，他能够了解母亲的感受。

孩子可以将母亲、父亲或保姆还活着的想法持续若干分钟，但如果处于该阶段的母亲离开了两个小时，那么孩子心中的母亲形象就会枯萎和死去。当母亲回来时，她就是另一个人了。很难再使他内心的母亲形象复活。在两年左右的时间里，孩子对与母亲分离的反应确实会很强烈。到 2 岁时，孩子实际上已经足够了解母亲或父亲，他们不仅能够对一个物体或一种情形感兴趣，还会对一个真实的人感兴趣。例如，如果孩子在 2 岁时住院，他需要有母亲在场。但婴儿总是需要一个稳定的环境，以促进个人体验的连续性。

我不仅从与母亲交谈和对孩子的观察中学到了很多，而且还从对成年人的治疗中学到了很多：在治疗过程中，他们都变成了婴儿和儿童。我需要假装自己比实际上更成熟，以此来应付这件事。我现在有个病人，她 55 岁了，如果她一周见我三次，她就能鲜活地记得我的形象。一周两次或许也可以。但如果频率降为一周一次的话，即使我与她有过一番彻谈，她也不会记得我的样子。因为形象枯萎了，看到所有感觉和意义都烟消云散的痛苦会变得分外强烈，以至于她会对我说，真不值，她宁愿死掉。因此，治疗模式必须取决于如何保持父母形象的活力。当一个人从事专业上可靠的事情时，他就会情不自禁地变成父母形象。我想，你们几乎都有擅长之事，也正在做这件事，在这有限的领域里，你们的表现比在家里要好得多，你们的客户依靠你们，并开始依赖你们。

早在语言有任何意义之前，人类可靠性的行为就已经产生了交流——母亲摇晃孩子时的全情投入的方式、她的声音和音调等，所有这些交流早在语言被理解之前就已经开始了。

我们都会信任他人。我们现在在这个大厅里，没有人会担心天花板塌下来，这是因为我们相信建筑师。我们相信别人，是因为我们被某人很好地开启了人生。在一段时间内，我们收到了一条无声的信息：我们被爱着，因为我们可以依靠环境供给，让我们的成长和发展得以顺利进行。

一个没有体验过被抱持和抓握的婴儿，在人的可靠性方面是一个被剥夺的孩子。从逻辑上讲，唯一可以适用于贫困儿童的，是爱，是被抱持和抓握的爱。在孩子以后的生活中，再去这样做是困难的，但无论如何我们都可以尝试一下，就像在提供寄宿照料时那样。困难来自孩子需要做测试，看看这种前语言期的爱、抓握等是否能抵抗原始的爱所带来的破坏性。当一切顺利时，这种破坏性会升华为吃、踢、玩、比赛等。然而，孩子正处于这个原始的爱的阶段——这里有爱的人，然后下一件事就是破坏。如果你活下来了，那么就有了毁灭的想法。但首先到来的是破坏，如果你开始爱一个前语言期没有被爱的孩子，你可能会发现自己陷入了困境：你会发现自己的东西被偷走了，窗户被打破了，猫受到了折磨，还有各种可怕的事情发生。你必须熬过这一切。你会被爱，因为你活了下来。

为什么我站在这里说我有一个好的开始，会听起来像是在吹牛？事实上，我的一切成就皆非因一己之力。它要么是遗传的，要么接受了别人的帮助。之所以听起来像是吹牛，是因为作为一个人，我不可能相信我没有选择自己的父母。所以我是说我做了一个很好的选择，我很聪明，不是吗？这看上去似乎很傻，但我们正在处理人性问题，在人类成长和发展问题上，我们需要能够接受悖论。我们的感受和观察到的真实是可以调和的。悖论并不意味着要被解决，它们是用来被观察的。在这一点上，我们开始分为两个阵营。我们必须观察我们的感受是什么，同时用我们的大脑弄清楚我们的感觉是什么。不如听取我的建议吧，从抱持和抓握的角度来看，整个前语言期的爱的表达对每个发育中的婴儿都有着至关重要的意义。

然后我们可以说，根据一个人的经历，我们可以教给他一些概念，比如说，何为永恒的武器。我们可以使用“上帝”这个词，可以与基督教会和教义建立特定的联系，但这仍然是一系列步骤。教学是建立在每个孩子有能力相信的基础上的。如果在道德教育的问题上，我们采取的路线是直接将某些事情视为有罪的，那么我们能在多大程度上肯定，我们没有剥夺成长中的孩子的能力，让他自己来判断是非？人们经常会剥夺一个人一个非常重要的时刻，当这种感觉是：“我有一种冲动，但我也……”他们达到了某种个人发展阶段，如果有人说“你不能那样做，这是错误的”，那这一切将被彻底打破，然后他们要么顺从（放弃），要么反抗。在这种情况下，大家都一无所获，得不到任何成长。

在我看来，你所教的只能植根于孩子已经具备的能力，这是基于早期的经验，以及在不断扩大的家庭圈、学校和社会生活圈中持续可靠的支持。

青少年的不成熟性

1968 年 7 月 18 日，在泰恩河畔纽卡斯尔举行的第 21 届英国学生健康协会年会上提交的论文

初步观察

对于这一广泛课题的研究，我的切入点是我的特殊经历。我可能会说的这些话也必须遵从心理治疗的态度。作为一名心理治疗师，我很自然地发现自己在思考：

· 个体的情感发展；

· 母亲和父母的角色；

· 在儿童需求方面家庭的自然发展；

· 学校和其他群体的角色，它们被视为家庭观念的延伸，也是

一种从既定的家庭模式中的解脱；

· 家庭在满足青少年需求方面的特殊作用；

· 青少年的不成熟性；

· 青少年在生活中逐渐变得成熟；

· 个人在不太丧失自发性的情况下，实现对社会群体和社会的认同；

· 社会结构，这个词被用作一个集合名词，社会由个体单元组成，无论成熟与否；

· 对政治、经济、哲学和文化的抽象，它们被视为自然成长过程的顶峰；

· 世界是由成千上万个个体模式叠加而成的。

人的动力在于成长的进程，每个人皆是如此。这里假设存在一种足够好的促进环境，这在每个人的成长和发展之初都是必不可少的。有一些基因决定了生长和成熟的模式和遗传趋势，然而，除非与之有关的环境足够好，否则在情感成长方面，什么事也不会发生。需要注意的是，“完美”一词并不包含在这句话中——完美只属于机器，而人类适应需求的特征是不完美，这是环境中的一个基本品质，它促进了环境的发展。

个人的依赖性是这一切的基础，依赖性起初几乎是绝对的，后来它会以一种有序的方式逐渐发生变化，成为相对的依赖性，并最终指向独立性。独立性并不是绝对的，事实上，被视为自治单元的个人从来都不独立于环境，尽管成熟状态下的个体可以通过一些方式感到自由和独立，这不仅有助于追求幸福，也有助于获得个人身份感。通过交叉识别，我和非我之间的分界线变得模糊了。

到目前为止，我所做的只是列举了人类社会百科全书的各个部分，从整体来看，个人成长的大熔炉表面永远都在沸腾着。我在这里可以处理的部分必然是有限的，因此，对我来说重要的是，我要把自己说的话置于一个广大的背景之下，我们可以用许多不同的方式去观察人性，可以用望远镜的一端，或另一端。

病态还是健康?

一旦我不再泛泛而谈，就必须有所取舍，具体地谈论某事。例如，个人精神疾病的问题。社会包括所有个体成员。社会结构是由精神健康的成员建立和维持的。然而，它必须容纳那些生病的人——例如，社会包含：

· 不成熟的人（年龄上的不成熟）；

· 精神变态的人（剥夺的最终产物——当人们满怀希望时，必须让社会承认他们被剥夺的事实，无论被剥夺的是一件好的东西或心爱之物，还是一个令人满意的结构，它们可以依靠这些来承受自发运动带来的压力）；

· 神经质的人（被无意识动机和矛盾心理所困扰的人）；

· 情绪化的人（徘徊在自杀和其他选择之间，其中可能包括贡献度最高的成就）；

· 分裂性的人（工作、生活已经为他们做了安排，即自我的确定，每个人都是一个具有身份感和真实感的个体）；

· 患有精神分裂症的人（至少在患病阶段，他们无法感觉到真实，他们至多可能在代理生活的基础上实现某种东西）。

除此之外，我们还必须纳入最尴尬的一类人——偏执狂，即那些受思想体系支配的人。这一类人包括许多将自己置于权威或负责人位置的人。这一系统必须不断地被展示出来以解释一切，否则（对于以这种方式患病的个人而言）会出现严重的意识错乱、混乱感，丧失所有的可预测性。

对精神疾病的任何描述都有重叠之处。人们不会乐意将自己归为疾病群体。正是这一点使得内、外科医生很难理解精神病学。他们会说："你生病了，我们能（或将在一两年内）治好。"没有一个精神病学标签能完全符合这种情况，更不用说"正常"或"健康"这两个标签了。

我们可以从疾病的角度来看待社会，患者如何以某种方式迫使人们不得不去关注他们，社会又如何被疾病群体涂抹上了颜色。或者，我们其实可以研究，除了人们碰巧所在的社会单元在任何时候都在使患病者变得扭曲或失去效用以外，家庭和社会单元是如何培养出精神健康的个体的。

我并没有选择用这种方式看待社会。我选择从健康的角度来看待社会，换言之，成长自然地来自精神健康的社会成员的健康状态。尽管我知道有时一个群体中精神不健康的人员比例可能太高，以至于健康因素，即使是在其健康总量中也无法承载它们。然后，这个社会单元本身就成了精神病的受害者。

因此，我打算把社会看成好似是由精神健康的人所构成的。但即便如此，我也无法否认社会的确存在太多、太多的问题！

需要注意的是，我没有使用“正常”一词。这个词的意蕴太过浅显。但我确实相信精神健康是存在的，这意味着，我觉得研究社会（正如他人所做的那样）是合理的，因为它是一种个体以自我实现为目标的成长的集合状态。众所周知，由于社会是由个人产生、维护和不断重建的结构，因此，没有个人的成就也就没有社会，并且没有组成社会的个人的集体成长也就没有社会。我们必须学会停下寻找世界公民的脚步，这些人的确有迹可循——其社会单元超越了地域的边界，或超越了民族主义或宗教派别的界限。实际上，我们需要接受这样一个事实，即精神健康的人，在其健康和个人成就方面，依赖于对社会某一特定领域的忠诚，这个领域也许是对当地保龄球俱乐部的忠诚。为什么不呢？只有当我们到处寻找吉尔伯特·默雷（Gilbert Murray）时，我们才会陷入悲痛之中。

主要论点

我论文中一个积极的陈述立即让我想到了过去五十年间，在足够好的母亲的重要性方面所发生的巨大变化。其实变化也包括父亲，但父亲们必须允许我使用“母性”一词来描述对婴儿及其护理的整体态度。“父性”这个词肯定比母性来得晚一点。作为男性，父亲这一角色逐渐成为一个重要因素。然后是家庭，其基础是父亲和母亲的结合，他们共同为此承担责任，一起创造了一个婴儿，我们称之为一个新的人类。

让我来谈谈母性供给吧。我们现在知道，一个婴儿是如何被抱持的，这确实很重要，照顾这个婴儿的人是怎样的也很重要，不管这个人实际上是孩子的母亲，还是别的什么人。在我们的儿童护理理论中，护理的连续性已成为“促进性环境”这一概念的核心特征之一，我们会看到，通过这种环境供给的连续性，并且只有通过这种连续性，处于依赖状态的新生儿才有可能在他或她的生活中具有连续性，而不是对不可预测的事情做出反应，并总是处于重新开始的模式。

在这里我想引用鲍尔比的著作。当一个2岁的孩子失去了母亲这个人（即使只是暂时的），如果时间超出了婴儿维持妈妈形象的时间范围，那他会如何？这些论述背后的理论延伸到了整个护理的连续性这一主题，这种护理可以追溯到婴儿出生的那天，直到他客观地将母亲视为一个人也不曾终止。

另一个新特点是：作为儿童精神病医生，我们不仅仅关注健康。我希望精神病学也是如此。我们关心的是在健康中积累起来的丰富的幸福感，而不是在精神疾病中积累起来的幸福感，即使这些基因可能使孩子实现个人成就。

我们现在不再只带着恐怖之心去看待贫民窟和贫困了，也能以开放的眼光去看待这样一种可能性：对于婴幼儿来说，贫民窟家庭作为一个促进性环境，可能比住在一个漂亮又遮风挡雨的房子里更安全和适合。此外，我们觉得，有必要考虑社会群体之间在公认习俗方面存在的本质差异。以襁褓为例，人们使用襁褓是为了避免婴儿去探索、去踢腿，这在英国几乎是司空见惯的做法。一般来说，当地人对奶嘴、吮吸拇指和自慰性行为的态度是什么？人们对生命早期那种对欲望的天然不节制有何反应？人们如何看待他们与禁欲的关系？以此类推。特鲁比·金（Truby King）提出的那些原则仍然被很多成年人遵循着，他们试图赋予他们的孩子发现个人道德的权利，我们可以从对极端纵容的教化的反应中看到这一点。结果可能是，美国白人公民和黑人公民之间的差异与其说是肤色的问题，不如说是母乳喂养的问题。那些被以奶瓶喂大的白人可能会嫉妒那些通过母乳喂养的黑人。

你可能会注意到，我关注的是无意识动机，这并不是一个十分流行的概念。我需要的数据不是从填表问卷中挑选出来的。在一些调查中，实验对象只是小白鼠，它们的无意识动机是无法被计算机程序推演出来的。在这一点上，那些毕生从事精神分析工作的人必然会大声呼吁我们保持理智，不要过度相信表面现象，这种现象是计算机对人类进行调查的特征。

另一个令人困惑的原因是人们想当然地认为，如果父母把孩子抚养好，麻烦就会少一些。但事实远非如此！这个话题与我的主题密切相关，因为我想告诉大家，当我们审视青春期时，婴幼儿看护的成功与否是关键所在，我们在当下遇到的一些麻烦其实要归因于现代养育的一些积极因素，以及与个人权利有关的现代观点。

如果你尽你所能地去促进后代的个人成长，你就需要有能力应对那令人震惊的结果。如果你的孩子发现了自我，他们不会只满足于找到自己的整体——这包括他们自身的侵略性和破坏性因素，以及可以被称为爱的因素。这将是一场长期的斗争，你需要从这场斗争中活下来。

对于一些孩子来说，如果你的管理能够让他们快速地使用符号去玩耍、做梦，或者做一些颇具创造性的事情，那么你是幸运的。但即使如此，通往这一点的道路也可能是坎坷的。在任何情况下，你都会犯错误，这些错误会被视为灾难性的，你的孩子会试图让你对挫折负责，即使你实际上并没有做错什么。你的孩子只是说："又不是我自己要出生的。"

当孩子逐渐呈现出个人潜力时，你的回报是丰厚的。如果你成功了，你一定要有一种心理准备——你会羡慕你的孩子们，因为他们获得了比你更好的个人发展机会。如果有一天，你的女儿要求你帮她照看孩子，表露出对你能力的信任，那你会觉得得到了回报。或者，如果你的儿子想在某些方面像你一样，或者爱上了一个女孩，而那个女孩是你年轻时喜欢的类型。回报是间接的。当然，你肯定也知道，你是听不到一句"谢谢"的。

青少年时期的死亡和谋杀

老调重弹是因为当他们的孩子处于青春期或陷入青春期的挣扎时，这些事情会影响父母的任务。

尽管这十年中已经出现了很多有关个人和社会问题的文章，但只要青少年能够自由地表达自己，人们就可能进一步对青春期幻想的内容发表一些个人评论。

在青少年成长时期，男孩和女孩跌跌撞撞地走出童年期，摆脱依赖，摸索着走向成年。成长不仅是天生的倾向，也是一个与促进性环境交织在一起的高度复杂的问题。如果这个家庭仍然在其中发挥作用，那么它是重要的；如果家庭被搁置一边，或产生了负面影响，那么需要提供小的社会单元来控制青少年的成长过程。同样的问题也出现在青春期早期，当时这些孩子是相对无害的婴幼儿。值得注意的是，如果您在早期阶段做得很好，并且之后仍然做得很好，那么您就不能指望机器能够一直平稳运行。事实上，你可能会遇到麻烦。在这些后期阶段，某些问题是固有的。

比较青少年和儿童的思想是很有价值的。如果在早期成长的幻想中，有被控制的死亡幻想，那么在青春期，就有被控制的谋杀幻想。即使青春期的成长没有出现重大危机，人们也可能需要处理一些重大的管理问题，因为成长意味着要取代父母的位置。确实如此，在无意识的幻想中，成长天生就是一种攻击行为。现在，这个孩子已经不再是过去那个小不点了。

我相信，考察“我是城堡之王”这个游戏是合理的，也是有用的。这个游戏源自男孩和女孩中的男性元素。（这个主题也可以用女孩和男孩中的女性元素来表述。）这是一个体现早期潜伏期的游戏，到了青春期，它就变成了一种生活情境。

“我是城堡之王”是对个人存在的一种表述。它是个体情感成长的一种成就。这一立场意味着所有竞争对手的死亡或统治地位的确立。接下来的文字显示了预期的攻击：“你是那个臭流氓！”（或“跪下，你这个臭流氓！”）说出你的对手，你也就知道自己的位置了。不久，这个真流氓把国王打倒，然后自己变成了国王。奥皮斯（1951 年）提到了这首诗。他们说这个游戏非常古老，贺拉斯（公元前 20 年）给孩子们的话则是：

> 国王将它传给了他。
>
> 他又将它给了那些一无所有的人。

我们不必认为人性已经改变了。我们需要做的是在短暂中寻找永恒。我们需要把这个童年游戏翻译成青春期和社会无意识动机的语言。如果孩子要成为成年人，那么这个动作是要踩着一个成年人的尸体才能完成的。（我必须假定读者知道我指的是无意识的幻想，是游戏中的隐含内容。）我当然知道，男孩和女孩可能会在与实际生活中的父母保持一致的持续环境中经历这一成长阶段，而不会在家里表现得叛逆。但明智的做法是记住，叛逆属于你给孩子的自由，你把孩子抚养长大，让其以自己的方式存在。在某些情况下，它可以这样说：“你播下了一个婴儿的种子，但却收获了一枚炸弹。”这是事实，但看起来并不总是如此。

在青春期成长的全部无意识幻想中，有人会死去。其中大部分幻想能够在游戏中被替代，在交叉认同的基础上被处理。但是，在个体青少年的心理治疗中（我是以心理治疗师的身份说的），我们会发现死亡和个人胜利是成熟过程和成人地位获得过程中所固有的东西。这一点已经足够让家长或监护人感到头疼了。当然，这也会给青少年个人带来困难，他们在这个关键阶段对谋杀和属于成熟的胜利感到胆怯。无意识的主题可能表现为自杀冲动的体验，或实际上的自杀行为。父母只能帮一点小忙。他们所能做的最好的事情就是生存下来，完好无损地生存下来，不放弃任何重要原则。这并不是说他们自己不需要成长。

青春期的一部分人将成为受害者，或在性和婚姻方面达到某种成熟，成为像父母一样的父母。这种情况可能会发生。但成长中会遇到一场生死搏斗。如果在武装冲突中轻而易举地取得了胜利，局势就会缺乏丰富性。

这就引出了我的主要观点，也就是青少年的不成熟性。成熟的成年人必须知道这一点，并且必须相信自己的成熟是前所未有的。

要知道，要说出这一点而不被误解是很困难的。因为谈论不成熟听起来很像是在冒犯别人，但这并非我的本意。

任何年龄（比如 6 岁）的孩子都可能突然需要承担责任，这可能是因为父母去世或家庭破裂。这样的孩子一定会变得早熟，一定会失去自发性、游戏的机会和无忧无虑的创造性冲动。更常见的情况是，一个青少年可能正处于这样的境地中，他突然间发现自己有了投票权，或者有了身为大学生的责任。当然，如果情况发生变化

（例如，你生病或死亡，或者遭遇了财务危机），那么你就不能避免让男孩或女孩在时机成熟之前成为肩负责任之人，比如照顾或教育年幼的孩子，挣钱以补贴家务。然而，当成年人移交责任成为一项深思熟虑的政策时，情况就不同了。事实上，在关键时刻这样做可能会让你的孩子失望。就游戏或人生游戏而言，当他们预备将你取而代之之际，你就退位弃权了。有人能高兴得起来吗？肯定不是那些青少年，他们现在成了当权派。它们失去的是一切不成熟的想象活动和奋斗。叛乱不再有意义，过早获胜的青少年陷入了自己设下的陷阱，他们必须成为独裁者，必须站起来等待被杀——不是被自己的新一代孩子杀死，而是被兄弟姐妹杀死。自然，他会设法去控制他们。

这是社会忽视无意识动机的诸多危险的地方之一。当然，心理治疗师的日常工作素材可以被社会学家和政治家所应用，那些普通的成年人也可以使用——在这些成年人自身有限的影响范围内，即使并不总是在他们的私人生活领域内。

我想说的是，青少年是不成熟的。不成熟性是青春期健康的基本要素。治愈不成熟性的方法只有一种，那就是时间的推移以及时间所带来的成熟。最终，这些因素共同造就了成年人的出现。这一过程不能过快，也不能放慢，尽管它确实可以被打破和摧毁，也可以在精神疾病中从内部枯萎。

我想起了一个女孩，她在整个青春期都与我保持着联系。她没有接受治疗。14 岁时，她有自杀倾向。诗歌记录了她所经历的所有阶段。这里有一小段诗歌，反映了她刚刚开始摆脱困境的阶段：

如果你受伤了——把手收起来，
发誓不再说那些话；
然后当心——或不知不觉地去爱，
你会发现你的手再次伸了出来。

所以，她刚刚从自杀阶段走出来，对未来抱有一点希望。现在，这位23岁的年轻女性已经建立了自己的家，在社会上也找到了一席之地，并且能够信任她的伴侣。她不仅喜欢自己的家和孩子，而且能够包容一些消极情绪，并找到一种新的方式，在不失去个人身份的情况下与父母和解。时间的流逝已经做到了这一点。

我想起一个男孩，他无法适应一所名校的生活。他跑向大海，从而避免了被学校开除。多年来，他给母亲施加了很大的压力，但她却一直没有放弃对孩子的管教。过了一段时间，他回来了，进入了一所大学，在那里他表现得很好，因为那时他已经可以说别人都没听说过的语言了。然后他从事了各种各样的工作，直到他安顿下来开始了自己的事业。我相信他已经结婚了，但我不想给人留下这样的印象，即结婚是解决问题的全部办法——尽管结婚通常标志着社会化的开始。这些故事既平凡，又不平凡。

不成熟性是青春期的一个重要组成部分。在这中间包含了最令人兴奋的特点——创造性思维、新鲜的感觉和新的生活理念。社会需要被那些不负责任的人的愿望所震撼。如果成年人退位，青少年就会过早地成为成年人，并通过不当的方式成为成年人。我对社会的忠告是：为了青少年和他们的不成熟性，不要允许他们加速前进去获得一种假性成熟，不要把还不属于他们的责任托付给他们，即使他们自己会争取这些责任。

在成年人不退位的前提下，我们可以肯定的是，青少年为发现自己并决定自己的命运所做的努力，是我们在周围生活中看到的最激动人心的事情。青少年对理想社会的想法是令人兴奋和激动的，但青春期的关键是它的不成熟性和不负责任这一事实。这是它最神圣的一点，青春期只会持续几年，它是每个人在成熟后必然会失去的财产。

我不断提醒自己，社会永远承载着青春期的状态，而不是那些处于青春期的男孩或女孩。几年后，孩子长大了，很快就会认同某种框架，在这种框架中，新的婴儿、新的儿童和新的青少年可以自由地对世界抱有愿景、梦想和新的计划。

胜利属于这种通过成长过程而达到的成熟。胜利并不属于基于对成年人的轻率模仿的假性成熟——可怕的事实就基于此。

不成熟性的本质

有必要花一点时间探究不成熟性的本质。我们不能指望青少年意识到他的不成熟性，或知道不成熟性的特征是什么。我们也根本不需要去理解。重要的是要应对青少年的挑战。怎么应对呢？

我承认，我觉得谈论这个话题是在侮辱这个话题。我们说得越容易，取得的效果就越差。想象一下，有人对青少年说："你身上最令人兴奋的地方就是你的不成熟性！"这将是一个无法应对青少年挑战的失败例子。也许"迎接挑战"这句话代表着理智的回归，因为理解已经被对抗所取代。"对抗"一词在这里的意思是，一个成年人站起来，声称有权持有个人观点，而这种观点可能会得到其他成年人的支持。

青春期的潜力。我们来看看青少年尚未达成的那些事物。

青春期的变化发生在不同的年龄段，甚至会出现在健康的儿童中。这时的男孩或女孩束手无策，只能等待这些变化发生。这种等待给所有人带来了相当大的压力，尤其是对发育迟缓的人而言。因此，我们会发现，发育迟缓的人会去模仿那些发育早的人，这导致了基于身份认同而非内在生长过程的假性成熟。无论如何，性的变化并不是唯一的改变。孩子们的身体会发生变化，力量也会发生变化。因此，真正的危险到来了，这赋予了暴力新的含义。伴随着力量而来的是思维力提升和技能增长。

只有随着时间的推移和生活经验的积累，孩子们才能逐渐对个人幻想世界中发生的一切承担责任。同时，攻击性很容易以自杀形式表现出来。或者，攻击性表现为寻求迫害，这是试图摆脱迫害妄想系统的疯狂状态。如果迫害是妄想的，那么个体就会被激发出想要脱离疯狂和妄想的企图。一个患有精神疾病的孩子如果有一个结构良好的妄想系统，就会激发一个群体的思维系统，并导致基于被挑衅的迫害的事件。

一旦实现了迫害立场的美好简化，逻辑就说不通了。

但最困难的是，个人会对性的无意识幻想和与性客体选择相关的竞争感到紧张。

青少年，或仍在成长过程中的孩子，还不能为世界舞台上的残酷和痛苦、杀戮和被杀承担责任。这使他们在这一阶段免于对个人潜在攻击的极端反应，即自杀（病态地接受对所有现在或可以想到的邪恶的责任）。青少年潜在的内疚感似乎是可怕的，一个人需要多年的时间才能发展出一种能力，即在自我中发现善与恶、仇恨与破坏之间的平衡。从这个意义上说，成熟属于生命后期阶段，而我们不能指望青少年能比处于下一阶段的个体看得更远——那是二十出头那个阶段的事了。

人们有时会想当然地认为，那些经历了性交（可能还有一两次怀孕）的男孩和女孩都已经达到了性成熟。但他们自己知道这不是真的，他们也开始鄙视性本身。因为它来得太容易了。性成熟需要包括所有无意识的性幻想，个人最终需要去接受头脑中随着对象选择、对象恒常性、性满足和性交织而出现的一切。此外，在完全无意识的幻想中，还有一种内疚感。

构建、赔偿、重建。青少年还不知道从参与一个本身需要以可靠性作为其内在要素的项目中可以获得什么样的满足。由于工作对社会的贡献，青少年不可能知道这份工作在多大程度上减轻了个人的内疚感（内疚感源自无意识的攻击性冲动，与客体关系和爱都有着非常密切的关系），从而有助于减轻内心的恐惧，以及自杀冲动或事故倾向的程度。

理想主义。可以说，与青春期男孩和女孩有关的令人兴奋的事情之一是他们的理想主义。他们还没有安定下来，还未陷入幻灭，由此产生的必然结果是，他们可以自由地制订未来的计划。例如，艺术专业的学生会看到艺术教育是可以好好教的，所以他们呼吁更好的艺术教育。为什么不呢？他们没有考虑到的是，只有少数人能把艺术教好。或者学生们看到物质条件有限，需要改善，就会呼吁更好的物质条件，而资金则是别人要做的事。“好吧，”他们说，“放弃国防项目，把钱花在建设新的大学上！”青少年不可能着眼于长远，这种能力只会自然而然地出现在那些活了几十年并慢慢变老的人身上。

所有这些都是荒谬的。它忽略了友谊的首要意义；它忽略了那些未婚人士的立场和声明；它忽略了至关重要的双性恋问题，这一问题在异性恋对象选择和对象恒常性方面得到了解决，但并没有完全解决。此外，很多人认为这与创造性游戏理论有关。另外，存在着文化遗产这一问题，在青春期，孩子们对人类的文化遗产会有更多的了解，但此外，我们也无法期望他们懂得更多——因为一个人必须在这方面上非常努力，才能略懂一二。60岁时，这些又变回青春期男孩或女孩的人们会气喘吁吁地弥补他们在寻求财富时丢失的时间，而财富是文明及其积累的副产品。

重要的是，青春期不仅仅是身体上的成熟——尽管它在很大程度上都是身体上的变化。青春期意味着成长，而这种成长需要时间。而且，在成长过程中，家长必须承担责任。如果父母失职，那么青少年就必须飞跃到一个虚假的成熟期，失去他们最大的资本：拥有思想和凭冲动行事的自由。

总结

简言之，青春期带来了直言不讳和活跃，这是令人兴奋的。但现在我们需要直面他们的攻击，这种攻击让他们感觉自己凌驾于世界之上，我们通过对抗行为来让他们了解现实。对抗必须是个人的。如果青少年想要有生活和生命力，就需要有成年人在场。对抗属于非报复性的遏制，没有报复性，但有其自身的力量。值得注意的是，目前学生的不稳定性及其明显表现可能部分是我们对婴儿护理和儿童护理所持态度的产物。要让年轻人去改变社会，教会成年人如何重新看待世界。哪里有青春期少男或少女的挑战，哪里就有成年人去迎接挑战。即使这不一定会一帆风顺。

在无意识的幻想中，这些是生死攸关的事情。

PART 3 反思社会

思考与无意识

1945年3月，在《自由杂志》上发表的一篇文章

在我看来，自由党与“动脑筋”和“努力想出问题的答案”息息相关。当然，正是出于这个原因，它往往吸引了那些纯粹的科学工作者。科学家自然希望将自己学科中的一些东西带入他们的政治活动。然而，在人类事务中，除非考虑到无意识，否则思考只会是一个陷阱和妄想。我指的是“无意识”一词的双重含义，它意义深远，无法唾手可得，也意味着被压抑，或主动回避，因为接受它成为自我的一部分会导致痛苦。

无意识的感觉在关键时刻左右着人们的身体，谁能说这是好是

坏？这只是一个事实，如果要避免恶劣的冲击，理性的政治家必须始终考虑到这一点。事实上，有思想的男女只有在对无意识的感觉有真正理解的情况下，才能在规划领域内放心大胆地一展拳脚。

政治家们习惯于像各种艺术家一样，凭直觉向下挖掘，发现并呈现属于人性的美好和可怕的方面。但是这种方法也有它的缺点，其中最大的一个缺点是利用这种方法进行思考的人很容易对那些轻而易举获得的信息感到绝望。我认为，我们宁愿听思想家谈论他们正在思考的东西，也不愿听人们依靠直觉知道的东西。但是，当问题涉及我们的生活计划时，如果思想家接管了工作，那就只有上天才能帮助我们了。首先，他们几乎不相信无意识的重要性。其次，即使他们这样做了，人类对人性的理解还不够完整，以至于不能完全用思考来代替感觉。在某种程度上来说，其危险在于思想家们制订的计划看起来棒极了。每个缺陷都能得到妥善的解决，最终，理性建构的杰作却被一个未留意到的小细节所推翻，比如贪婪——这纯粹是非理性取得的一个新的胜利，其后果是：公众对逻辑的不信任感又增加了。

在我个人看来，就经济学这个主题而言，在过去的二十年间，英国经济学已经取得了进步，对此我们也都有目共睹，但这的确是个悲伤的例子。对于一个几乎无限复杂问题的清晰思考，经济学家是无与伦比的。这种思考也是必要的。然而，对于一个在工作中一直与无意识保持联系的人来说，经济学往往看似是一门关于贪婪的科学，在这门科学中，对贪婪的所有陈词都是被禁止的。我强调“贪婪”这个词，是因为贪婪不仅仅是让孩子们挨打的东西，它还是原始的爱的冲动，是我们都害怕承认的东西，但它却是我们天性中的基本，我们离不开它，除非我们放弃对身心健康的要求。我建议健康的经济学承认个人和集体贪婪的存在和价值（以及危险），并努力试着去控制它。另一方面，不健全的经济学假装贪婪只存在于某些病态的个人或由这类个体组成的群体中，并假设这些个人可以被消灭或监禁，这些假设也成了该学科的基础。但此类假设是不成立的，许多“聪明的经济学”也只是“聪明”而已，也就是说，它读起来很有趣，但若将其作为计划的基础，则是危险的。

无意识对思想者来说可能是一个可怕的麻烦，就像爱之于主教那样。

忽视精神分析研究的代价

1965 年 2 月 25 日，在威斯敏斯特教堂大厅举行的全国心理健康协会年度会议上发表的题为“心理健康的代价”的演讲

为了评估若是忽视精神分析研究结果所要付出的代价，我们必须首先探究精神分析研究的性质。这是否意味着科学将自己划分为可接受的研究和与无意识有关的研究呢？一个主要的考虑因素是，通常，我们不能指望公众会对无意识动机感兴趣。

可以说，通往真理的道路有两条：诗意的和科学的。研究发现与科学路径有关。科学研究可能是富有想象力和创造性的工作，但它却受制于有限的对象、实验结果和预测。

诗意真理与科学真理之间的联系当然在人身上，在你和我身

上。我身体内的诗人会在瞬间得知全部真理，而我身体内的科学家则只能探索真理的一个侧面。当科学家实现了眼前的目标时，马上就会出现一个新的目标。

诗意的真理有一定的优势。对于个人来说，诗意的真理提供了一种深层的满足，在旧真理的新表达中，就有机会获得新的创造性体验。然而，使用诗意的真理是非常困难的。诗意的真理是一种感觉，我们对一个问题的感觉可能不尽相同。通过科学真理，在有限的目标中，我们希望使那些能够使用自己的头脑和能够受到智力因素影响的人，在某些实践领域能达成一致。在诗歌中，真实的东西会被清晰地显现出来。为了规划我们的生活，我们需要科学。但科学会对人性问题感到困惑，并且往往倾向于忽略整个人类。

我在电视上观看温斯顿·丘吉尔爵士国葬时想到了这一点。当我悠闲地坐着时，我却感到筋疲力尽，令我不堪重负的是棺材的重量和那八个抬棺人给我们所有人带来的巨大压力。仪式的重担落在了这些仪表得体的人的肩上。据传其中一个抬棺人几乎崩溃，传言说那具以铅镶边的棺材重达半吨，后来被减至 250 千克。

现在，我认识了一位发明家兼应用科学家，他有一个想法。他发明了一种很轻的棺材，并试图将其投放市场。如果这个人咨询了十几位精神分析学家，他会发现他们之间有一种普遍共识，即抬棺人肩上的负担其实是无意识的罪疚感，是悲伤的象征。一具轻便的棺材意味着对悲伤的否定，是一种轻浮。

诚然，任何有感情的人都可以对这一点做出诗意的反应。但现在考虑成立一个计划委员会，由高级公务员为另一场国葬做准备。在高级智力加工领域，人们必须找到诗意真理的替代品，这被称为科学探究。人们会将科学引入其中，第一个科学实验将关注肩负沉重负担的男性的血压变化。一百个研究项目会跃入脑海。但是（这是个问题）若汇总这些研究项目，这些项目会把我们带到无意识象征的概念和悲伤吗？这就是精神分析所要为我们做的。我必须要问：精神分析研究该如何被使用？什么调查可以被称为精神分析研究？

（我想我必须忽略精神分析师们为彼此写的所有东西。）

精神分析研究不能局限于适合物理科学研究的模式。每个分析员都在做研究，但研究并不是按照这样的计划进行的，因为分析员必须遵循正在接受分析的人不断变化的需求和不断成熟的目标。这一事实是永远都无法回避的。患者的治疗不能因研究需要而被扭曲，也不能重复进行观察。最好的办法是分析员回顾所发生的事情，将其与理论联系起来，并相应地修改理论。

毫无疑问，研究项目是能够被计划的，我现在就可以给出一个计划：一个合适的研究人员，具备人类成长理论的相关知识，可以带着一笔费用和一个简单的问题，正式拜访10位分析师。我给出了一个非常简单的具体例子。问题很可能是：在过去一个月里，你一直在进行的分析材料中，“黑色”这个概念是如何形成的？

就这篇材料，可以写一篇有价值的论文，论文将包括出现在患者梦中和儿童游戏中的黑色概念，它将揭示这个概念所承载的无意识象征意义，以及各类人对黑色的无意识反应。第二个问题是：你的观察结果是支持了当前的精神分析理论，还是反映了这些理论有被修正的需要？其中一个结果是，关于黑色在无意识中的意义，虽然我们已经知道了很多，但还有很多尚不明晰的地方有待进一步挖掘。

忽视这项如此容易完成的研究需要付出什么代价？一个代价是白人对黑人的持续误解，以及黑人对白人的持续误解。每一位在工作中保持清醒的执业咨询师都在进行系统化的观察，但如果我们浪费了这些观察，那么代价会是什么？

据观察，精神分析研究与老鼠和狗、扩展的室内游戏或统计评估几乎没有关系。精神分析研究的材料基本上是人——人的存在、感觉、行为、联系和思考。

对我来说，分析研究是分析师的集体经验。这只需要智能组装。我们每个人都做了大量细致入微的观察，但我们的理解有很多都被白白浪费掉了。我们的工作确实与无意识动机有关，这切断了我们与规划者的联系。为了找到公众来阅读他的发现，研究人类事务的科学家必须忽略无意识。

也许我们必须接受这样一个事实，即无意识动机并不是公众会感兴趣的事物，除非它以某种艺术形式具体化。接受这一点之后，我们便可以再次审视这个问题：我们付出了什么代价？回答是，我们付出的代价就是维持现状，沦为经济、政治和命运的玩物。就我个人而言，我对此没有任何怨言。

接下来，我只列举一些例子，说明社会对将无意识概念与科学探究相结合起来的负面反应时，代价有多高昂。我在列举这些例子时，并没有想到它们会有什么用处。我不需要在这里证明精神分析是最好的治疗方法。诚然，精神分析确实为精神分析学家提供了一种独特的教育形式，甚至当一个案例作为治疗程序失败时也是如此。如果我在这篇文章中提出的简单主题是对的，那么当一个人希望被教导如何与健康或病态的个体打交道时，心理分析培训和心理分析实践就应该得到高度评价。

下面来假设研究人员不是在询问“黑色”，而是询问战争、炸弹和人口爆炸。

战争。讨论战争对个人或群体的无意识价值实际上是一种禁忌。然而，如果不考虑这一点，付出的代价肯定不亚于第三次世界大战的灾难。

炸弹。可以研究热核物理学及其在炸弹方面的应用的无意识象征意义。关注边缘病例（精神分裂症人格）的分析员掌握了这一领域的信息。在我看来，原子弹之于物理学，就如人格解体之于动力心理学。

人口爆炸。人口爆炸通常是从经济学的角度来研究的，但我还有更多的话要说，这个主题不包括“性”一词。当然，控制人口过剩的困难已经进入了日常精神分析的实践领域。但是，正如我已经说过的，精神分析学家必须学会控制他所学到的东西，并接受这样一个事实，即没有人想知道对人类情感的仔细审查和私人研究会揭示出什么。

现在我会花点时间进入精神科医生所涉猎的广阔领域，尽管严格来说，我并不是一名精神科医生。

成人精神病学

在某些为成年精神病患者服务的医院和诊所，精神科医生在其现代人道主义态度中加入了一种尝试，以应用精神分析的发现。其他医院和诊所对这种人道态度无可指摘，当数百甚至数千名患者挤在一个机构时，这种态度本身就很难做到。

在理解抑郁现象方面，有一项精神分析领域的重大贡献正欲被应用于普遍的精神病学领域。其中一点（我只选择一个细节）可能是允许抑郁的人抑郁，并被他人照顾着生活一段时间，在这段时间内，他们可以通过心理治疗，抑或不通过心理治疗来解决自己的内部冲突。

人们有时渴望使用“避难所”这个古老的词，如果它可以指的是某些类型的抑郁症患者需要休息的地方的话。这里的代价必须以“人类的浪费”和痛苦来衡量。一个实际的细节是，公众应该接受自杀是一个悲伤的事件，而不是将其视为精神科医生忽视的事情。自杀威胁是一种勒索，会使年轻的精神科医生过度治疗和保护他的抑郁症患者，这干扰了他对常见抑郁症患者的人性化和人道主义管理。

正如你们今天从生物学的角度所看到的，一个更具争议性的主题是对精神分裂症的研究，尤其是精神分裂症被许多人认为是一种疾病，是遗传和生化功能紊乱的结果。这方面的研究得到了充分的支持，但精神分析也有贡献。由于诊断上的错误，精神分析学家曾被迫去研究精神分裂症患者，他们开始对那些将精神分裂症症状带给精神分析学家处理的人发表意见。在精神分析学家的这项工作中，精神分裂症表现为人格结构的紊乱。

有一位精神科医生朋友的精神分析师无疑是幸运的，因为如果他有一个精神科医生朋友，这位精神科医生会接纳并照顾他的一个处于崩溃阶段的患者，这位精神科医生会邀请精神分析师继续主管该患者关于心理问题方面的治疗。由于精神病学家和精神分析学家之间的相互猜疑，许多精神分析研究被搁置。这一领域跨学科活动的价值与其说是从治疗的角度来衡量，不如说是从精神分析师和精神病学家的教育角度来衡量。

总的来说，在精神分析领域内，人们倾向于认为精神分裂症源于早期婴儿阶段成熟过程的逆转，而在婴儿阶段，绝对的依赖是一种事实。这将使精神分裂症进入普世的人类挣扎的领域，并将其排斥在特定的疾病过程之外。就事实而言，医学界迫切需要这种理性认知，因为人类挣扎引起的疾病不应与继发于退化过程的疾病相提并论。

我还不能提及我自己的研究主题——“儿童精神病学”，因为若要在此做一个简明的陈述，那至少需要一本书的篇幅。

医疗实践

医学实践领域和精神分析领域之间有着如此广阔的互动领域，以至于我除了提及它，再也别无他法。医生和精神分析师之间需要整合，患者分裂人格的两个方面也需要被整合，在这两个方面，心身障碍隐藏于精神障碍之下。如果管理患者的人意见不一致，那心身失调的患者如何实现整合？

在所有这些领域，现在都有专业组织试图去弥合差距，并整合包括精神分析学家在内的各种研究工作者群体的研究结果，他们总是在笨拙地兜售无意识动机这一概念。

教育

在教育领域，不使用精神分析研究成果的代价可以用忽视幼儿园和初等教育来衡量，这一切都归功于玛格丽特·麦克米兰（Margaret McMillan）、苏珊·艾萨克斯（Susan Isaacs）等人所做的工作。它可以衡量为失去创造性学习的机会，而不是被教授知识，或者由于缺乏隔离情绪障碍型儿童，特别是那些不良环境下的儿童的设施而干扰到正常儿童的教育。

具体来说：在伊顿公学或任何为家庭完整的正常儿童设计的学校的体罚，根本不能与在学校对贫困或反社会的男孩和女孩进行的体罚相提并论。然而，写给《泰晤士报》的那些信件往往忽视了这一事实。但是，体罚的概念对儿童来说有着不同的无意识意义，这取决于他们是健康个体，还是病态个体。教师需要了解儿童保育的动态，就像他们需要被教导要教什么一样，老师们也需要接受教育诊断方面的指导。

母婴关系

我将简单地提及母婴和亲子关系的领域，因为我已经写了我对这个主题的精神分析贡献。然而，我要提醒你们，精神分析往往表明心理健康的基础不仅是遗传的，也不仅是偶然事件。对孩子来说，心理健康的基础是由母亲悉心照料的婴儿期，以及在一个正常运转的家庭中度过的整个童年期所积极奠定的。

因此，精神分析研究在最大程度上为“足够好的母亲”提供了支持，使其能够自然地、足够好地照料自己的婴儿。当父母的合作存在并继续令人满意地发挥作用时，精神分析研究会在最大程度上为其提供支持，并对家庭给予最大的支持，特别是在两个发展节点：学步期和青春期。此外，它还为教师—家长互动提供了同样的支持，这是潜伏期教育的最佳特点。

青春期

结合其他人在这一发展阶段所做的工作，精神分析研究为青春期及其与青春期的关系的一般理论做出了贡献。目前，全世界普遍存在这样一个事实：青春期的少男少女还涉世未深。或许这个事实本身（至少部分）是源于精神分析研究所带来的原则的积极成果。我个人是这么认为的。

那些重视家庭、认为个人需要家庭环境的人，可以在精神分析研究中找到比其他任何地方都更有力的支持。心理分析表明，个人成长中的成熟过程需要一个促进环境，而这种促进环境本身就是一个高度复杂的事物，具有自身的发展特征。

家庭医生

用一句话来概括家庭医生的任务是一个诱人的话题。在卫生服务机构成立之时，对精神分析师进行调查，就会发现当时已有的关于社会上潜在的无限疑病的知识，以及医生中相应的疑病焦虑，这也解释了为何会有过度开处方这一现象。然而，由于规划有其自身的无意识动机，因此期望在规划时要求提供此类信息是不合理的。这里的代价是高昂的。

此外，我们已经采集到一种信息，即公众不喜欢医生，并嫉妒他们，而每个公众成员都热爱并信任自己的医生；或者反过来说，公众将医学职业理想化，但与此同时，个体成员无法为自己找到合适的医生。对医生的看法，公众和个人的感受往往是对立的。医生们也陷入了同样的无意识动机的冲突中。他们中的佼佼者过于劳碌，无法站出来客观地看待他们的问题。

反社会倾向的特例

也许社会对精神分析结果最积极的利用是在处理反社会行为问题上。其中一个原因可能是，对反社会儿童的检查会带出一段剥夺历史，以及儿童对特殊创伤的反应。这样一来，研究反社会倾向的动力学阻力就小了，因为所发现的并不完全是无意识动机。在适当的情况下，儿童的实际剥夺体验通常可以被医师获悉，而无须借助分析过程。社会很好地利用了鲍尔比和罗伯逊夫妇在分离方面的研究成果，其中一个实际成果就是在一些儿童医院建立了方便探视和住宿的制度。关于这项研究的进一步应用，可以说，在战后几年，寄养之所以迅速取代大型机构的一个原因是，寄养成本要低得多，因此，这种方式得到了最高级别的财政支持。

对已知的违法行为视而不见的代价是以对社会造成的损失来衡量的。但这里有一个积极的特点：1948 年的《儿童法案》。它是针对犯罪的预防医学，也许是我正在研究的整个领域中最好的一件事。

红利

我无意完全悲观。正如弗洛伊德的理论已经渗透到了生活、文学和视觉艺术中一样，动态心理学的许多原理也对婴幼儿的照料、教育和宗教实践产生了影响。无论在哪里，分析师的研究都加强了一些人的力量，这些人从个人情感成长的角度思考问题，他们看待健康的视角是：一个人从依赖走向独立是一段旅途。儿童在适当的时候（即在青春期之后而不是青春期）会逐渐去认同这个社会，以成年人的身份去承担社会的维护和改变方面的责任。

随着时间的推移，人们总有一天会接受，精神分析的研究结果与其他现有趋势一致，即一种不会侵犯个人尊严的社会概念。如果这个世界在接下来的几十年中能幸存下来，那么人们将会发现，无意识动机这个不受欢迎的概念已经成为社会进化的一个基本元素，而精神分析研究将在拯救世界方面发挥作用，因为若是没有无意识动机的概念，世界必然难逃厄运。如果在厄运成为既定事实之前，无意识动机能够被普遍接受和研究，那将是一件好事。

避孕药和月亮

1969 年 11 月 8 日，给进步联盟所做的演讲

事实上，你知道，我还从来没有吃过这种药。我对此知之甚少。但有人邀我谈谈时，我简直喜不自胜。它似乎正是我最初想做的，即谈论避孕药和进步的我。

我发现我缺少的是某种宣传的态度。如果你有这个态度，你真的可以去镇上看看，并希望由于你所说的话，没有人会再次服用那种药丸，或每个人都会服用它，这是挺好的一件事。

几年前，我为《新社会》写过一篇文章，主题是“度过低谷”，主要探讨的是青春期，当然，这在当时是一篇相当高深的文章，因

为事情变化得太快了，不是吗？大约十年前，人们说这种药片很快就会变得安全和容易获得，它将改变青春期的生活，它将改变所有父母的日常生活。它的确做到了，你几乎无法回忆出它是何时进入我们的生活的。有趣的是，想想这是如何以富有想象力的方式融入事物的结构中的。我想，在想象层面上，我们还没有完成任务。

好吧，前几天我终于可以安宁一会儿了——那天几乎没什么病人来访。我坐在地板上——这是最好的坐处，手里拿着圆珠笔和一张纸，我想：现在我要为周六的演说写个提纲。这很容易，因为我知道我想说什么，我知道局限和你们写给我的那些东西，a，b，c……。结果一整天，我什么也没写出来！唯一呈现出来的是一首诗。我会读给你们听，因为这让我很惊讶，我并不会写诗，所以它真的毫无用处。我给它起名叫《无声的杀戮》。

啊，为无病者开出荒诞之药！

岂不要领会上帝之教？

空的注定要加满，孕育生机的小山终究要塌散。

男子们！做出你们的表态，把你交给你的至爱；

女孩们！饱尝他对你的青春的期待。

勿怕抛洒，你懂操练之法；

你知道这是安静而沉默的杀戮……药片。

提笔势必做到：勿以荒诞之药贻误药效，只需等待，

看看什么会来到！

然后付账吧。

这就是我下笔时脑海中浮现出来的想法。它让我想起了用一块木头做东西。就好像你在想：我要用木头做一个雕塑，你有凿子和几块榆木，然后你将其雕琢，突然你发现你面前出现了一个女巫。这并不意味着你想到了一个女巫，而是进行中的活动改变了你正在做的事情，以至于你自己都感到惊讶。你发现你做了一个女巫，因为榆树让雕塑朝那个方向发展。你可以把这件事转换成任何你想要的情形——以任何艺术形式，即使最终呈现出来的就像我那首蹩脚的诗一样。这会让你自己都大吃一惊，因为你做了一些意想不到的事情。让我们把这首诗放在一边，看看会发生什么。

现在我们回到事物的另一面：逻辑，有意识的逻辑。坦率地说，我们大部分生活都如此无聊，如此简单化，因为我们忘记了无意识，把它放在一边，或者只在周日早上才想起它。我们知道什么是合乎逻辑的事情，我们也必须这样做。我们是文明人，运用的是我们的智慧、头脑和客观性。我们有能力预测到 2000 年时，世界上将有多少人，以及印度具体将在哪一天人满为患，而都不必去印度。我们可以想象伦敦将在哪一天人满为患——我们已经在汽车方面做到了这一点。

因此，我们可以从逻辑角度去思考这样一个问题：全然不顾人们是否有能力负担，就让无数家庭出现，这合乎逻辑吗？让我们的国家拥有太多的孩子，这合乎逻辑吗？我们会回答说：“不，不是的。”好吧，那就假定我们每对夫妇只生两个孩子，或者只生三个，以防其中一个是唐氏综合征或死于小儿麻痹症。然后你可以说：“那我们生四个吧，因为万一我非常想要一个男孩，又连续生了三个女孩呢？”不管怎么说，这种思想又悄悄逼近，很快你就回到了最初的状态，当第一个孩子降生时，你就会继续生育。也许你发现你开始倾向于你的抑制——你的性抑制，这可能导致你根本就没有孩子，这时你会突然发现你在谈论纯粹的无意识。从某种意义上说，性压抑和性冲动一样有趣，一样有建设性，对社会的贡献也一样大，所以我们都只是在描述彼此，希望摆脱这种状况。

你对这个问题已经思考了很多，我不必把你知道的内容再阐述一遍。我们谈论的是世界人口，我们谈论的是挣钱和抚养孩子的能力，以及我们是否愿意把他们放在教育的大环境中，或者我们是否必须能够把他们送到我们认为适合特定儿童，但可能不适合其他孩子的学校。这一切取决于是否把事情想清楚了，谢天谢地，我们有大脑，我们可以把事情想清楚，我们可以按照自己的想法去做。其逻辑让我们接受这样一个事实，那就是我们不去应对那些无穷无尽的孩子才是合理的，而说出这个观点的人可能自己就有一大堆的孩子。有一种方法可以把事情想清楚，以及弄明白实际发生了什么事情，我们注意到它们之间的相关性并不是很高。我们把事情想清楚，然后看看会发生什么，然后这两件事就被一种新的方式联系在一起了。

现在我们来看一个案例。这是一个 16 岁的女孩，她想让我知道的是，她出生时便有残疾，因为出现了脐带绕颈的状况，所以她浑身发绀，差一点就一命呜呼。当她苏醒过来时，脑细胞已受到了很大的损伤。她并没有就此被打倒——她只是对自己的人格在认识深度上有限，而她一生都在为之斗争。她不管上哪一所学校，每个人都会说："如果你再努力一点，你就会做得更好。"所以她试了又试，但没有人对她说："这一切其实都无关紧要。"16 岁的她出落得亭亭玉立，十分早熟。她来的时候带了一本书，她说："我正在读这本书，我觉得它很有趣。"这的确是一本有趣的书。但你知道她很难理解那些人们所知道的深层意思，因为她还无法理解它们，还没有完全掌握其中的精髓。

我们玩了素描游戏（两人轮番在纸上画线，直至形成某个图形），她画的其中的一个草图形似一个头和一个身子，并且画中有一条像是脐带的线，我说："那个孩子周围有一根脐带，那个人的脖子上有一根绳子。"你看，这是素描游戏中偶然出现的。我们继续玩。然后她对我说："对了，我出生时脖子上也有根脐带。"以前有人告诉过她这个。我说："哦，看，我们把它画出来了。"她说："哦，是吗？"她没有往这方面想。但它就这样出现在了游戏中，当我询问时，我发现这的确是事实，而不仅仅是家庭中的传说。所以我们回到了这件事上，我说："看，（我根本没有保护她）你出生时脖子上就有这个东西，你全身发青，出生时身体就受到了损伤，尽管如此，你一直在努力向好的方向发展。你的大脑容量有限，但随着时间的推移，这种脑容量有时确实会提高，如果你能等一等，你可能会发现你能做些什么——我现在还不知道有些什么。但事实是，你的问题不是你没有努力，而是你有一个受损的大脑。”她回到家，对人们说：“我觉得终于有人能理解我了。”在一个极其复杂的情况下，一件简单的事就这么出现了，从那以后，她以一种不同的方式前进。我们建立了一段非常好的关系，她现在可以利用我了，我让人照顾她，这样她就可以过上正常的生活了，不会有人期望她去做力不能及的事情——那些在人格和智力上难以企及之事。

她时不时地会有一场极其严重的危机，当这种情况发生时，她会让家人和周围的每一个人都感到不安——甚至是动物。她的父母不能把她留在家里，尽管他们非常喜欢她，但当她失控时，他们无法忍受一家人的生活被她搅乱。所以有一天我接到电话，他们请我去见她。我马上就见到了她，这的确是一场严重的危机（现在我们要回到药丸上来）。她去参加了一个聚会。她尽量不去参加聚会，因为她很有魅力，总是有人会立刻注意到她，然后在十分钟内，他们就会相谈甚欢。聚会简直太棒了，但之后会发生什么？她没有能力掌控它。她对自己喜欢什么、不喜欢什么、认为什么是对的和错的有着非常强烈的想法和非常强大的直觉。但这一次，她找到了一个她喜欢的男人。这件事很重要，这使她很难拒绝他。因此，聚会结束后，如果她不跟他发生关系，她就完全不知道如何处理挫败感和整件事，她也没有能力在她的梦中或以其他方式处理它。她确实在外留宿了一整晚，但她拒绝了他，他也表示尊重她的意愿。但是她非常失望，一方面是因为他没有强迫她，没有承担全部责任；另一方面是她对他的尊重，因为她知道如果他的朋友发现他与她共度了一夜却没有发生关系，他们会鄙视他。所以，他不得不回到自己住的地方，要么撒谎，要么说："好吧，是她不想要。"而这没什么好处。她尊重这一切，但她还是非常难过和沮丧，令全家人都感到不安，他们不清楚具体情况，但也习惯了这种事。顺便说一句，他是一个非裔黑人，但她家人似乎并不介意，所以这并不是问题的核心，尽管能有一个黑人男人对她来说是非常令人兴奋的，但这是另一个需要讨论的问题了。

所以，当这个男人表现得很好时，她却对此感到疯狂的不安，同时又得到了极大的放松。她在一场无法控制的冲突中左右为难。

然后她说："你看，问题是它与性无关，而是与避孕药有关。我所有的朋友都有避孕药。如果我拿不到药丸，我就会感到低人一等，而且很孩子气。"她的父母曾说，在她开始与一个新男友生活并接受治疗之前，她不会服用避孕药或采用任何避孕措施。她的父母认为这是推迟服药的好方法，所以他们说："你还不能吃避孕药，也不能使用避孕工具，所以你必须克制自己。"所以治愈这个女孩的关键在于，在她 16 岁的时候，避孕药是一个了不起的地位象征。似乎只要她吃了药，她就会没事。这些人觉得如果有什么不同寻常的事情发生，那么一切都会好起来。她说："你知道，如果我有了这个药，我是不会吃的，但我必须有。如果他们说，你不能用这个药，你才 16 岁，那我一定要拿到它。我可以搞到这种药，然后吃下去，就这样结束一切。”她就是这样的，因为她没有足够的内心世界来帮助她解决问题，这一切都被夸大了。当她即将抵达向往之地，也就是达到了一个可以理解她的处境时，她来看我了，她说：“我度过了我一生中最美好的一天。”我说：“你做了什么？”我想她一定遇见了很多个黑人男子！她说：“我们沿着一条可爱的小溪走下去，捉到了蝌蚪。”在她看来，没有服用避孕药和不被允许服用避孕药是她无法应对的事情。一切都被夸大了。在我看来，我们有时可以用这种方式去看待事物，并明白各种缘由。

我又想起来一个病例。一个非常聪明的女人经常来找我，她童年过得十分艰辛。她结婚了，也有了孩子，但现在离婚了，她很孤独。由于治疗后情况有所好转，她开始放松了一些，于是一个男人邀请她出去吃饭。好吧，她现在自由了，可以赴约了，她对此感到很高兴，她也很喜欢他。然后，他们发现他俩共处一室。当然，我不知道它是怎么发生的。她对我说：“我不知道这些人在想什么。1969 年，他们似乎认为人们要靠避孕药生活。我已经十年没有想过与性有关的事情了，我也不吃避孕药。他来的时候也没有进行任何避孕措施，所以，我不得不求助于老办法——月经。”但是你看，这个想法也太奇怪了，其实她想表达的是，这真是一件了不起的事。这里有一个男人，他想和一个女人睡觉，并假设她正在服用避孕药。这是 1969 年才会出现的场景，难道不是吗？这两件事都属于以同一种逻辑看待避孕这件事，尽管这个女人十分有见地，并且可以用不同的方式看待它。

我想做的是看看我是否能向你们展示：从我的角度来看，有一个未解决的领域，在这个领域里，逻辑和感觉、无意识的幻想等都没有相互联系。它们之间没有恰当的联系，也无法解决彼此之间的问题，两者都必须存在，我们必须容忍这些矛盾。当然，我们可以通过进入智力的分裂区域来解决任何问题。在那里的某个地方，我们不受感觉的影响；我们可以说这是“辨证”的；我们让彼此对立起来，然后我们就可以解决任何问题了。或者如果我们现在不能解决，以后也能够解决。但如果我们不进入分裂的智力领域，难道你不觉得我们必须说：“对，有一些问题的确无法解决，但我们必须容忍这种紧张的局势？”这就是我以一个出生时因为头部受损而受到限制的女孩为例说明的原因。她发现很难承受那种压力，这种压力让我们怀疑一切，让我们怀疑价值。因为确定性和理智如此平淡乏味。当然，疯狂也很无聊，但无论如何，在某种程度上，大多数人都可以容忍一些事情，那就是——不确定性。

接下来要说的内容你们可能早有耳闻，所以我也没什么原创的观点分享给大家，但每次谈及都令人胆战心惊。我们正在谈论的，其实是杀死婴儿，不是因为婴儿不正常，有唐氏综合征、痉挛性麻痹症或其他缺陷而要杀掉他们。对于这些先天不良的个体，只要我们愿意去保护他们，他们便能得到特别照顾，我们会互相帮助。我们讨论的是在这些病症之外的对婴儿的杀戮。这是一个很难开诚布公的话题。我们在谈论马尔萨斯的逻辑，以及它的常识，我们不想被这一切所困扰。但我要问的是，难道我们不可以不为此烦恼吗？

当我还是个小男孩时，我养过老鼠，如果我抱走新生的小老鼠，大老鼠只会想："好吧，我会把它们拿回来的。"所以它会吃了那些小老鼠，然后又开始生下新的一窝小老鼠。猫也这么做。我不认为狗也这样，它们已经被训练了一百万年之久，不具备狼一般的野性，除非它们患有狂犬病。在我看来，我的宠物老鼠解决了这个问题，它说："我不需要吃药，因为如果我认为这些婴儿无法有一个良好的成长环境，只会落入男人的臭手中，那么，我就干脆把它们全给吃了，然后再重新开始。"很简单。我相信澳大利亚土著曾经一度出现过吃孩子的现象，但我不太确定，因为这些事情太容易同什么神话志怪扯在一起。这是他们解决人口过剩问题的方法。吃掉孩子并不是因为他们讨厌孩子。我想说的是，当人们认为环境不足以抚养那么多儿童时，他们就会找到某种方法。到目前为止，世界上确实出现了一个非常好的方法。人们或死于痢疾或死于其他疾病，就像苍蝇一样死去，但现在医生们会说："你不必死于痢疾，你也犯不着死于疟疾，任何疾病或传染病都无法夺走你的生命。"

如果我们要讲逻辑，我们就会谈到一个非常困难的话题，那就是：我们要杀死哪些婴儿？婴儿在几岁开始成为人？大多数人都认为，足月出生的孩子已经算是人了，我们不能杀他们。所以在孩子出生前，我们会说："我们不会杀死那些婴儿，他们已经是条小生命了。"好吧，我们去看医生，然后问道："多大月份的婴儿能存活下来？"他们会给出一个体重——4 磅、3 磅、2.5 磅的情况下是可以存活的，并且数值逐渐地像拍卖一样下降。所以我们接受医生的建议，以此来判断什么是谋杀，什么不是，然后我们稍微早一点说：“没关系。我们已经决定做流产手术了。”

刚才我正在给一个女孩出主意，她婚姻幸福，但确实难以安定下来。当她的丈夫被征召到东部时，我知道她确实难以应付这样的情况。所以当接到她的电话时，我并不惊讶，她在电话里说：“我怀孕了，但我不喜欢这个男人，我讨厌离婚，这太可怕了。”我无法立即联系到孩子的父亲，所以我建议她去做流产手术。从逻辑上讲，每个人都赞许我这么做，当她的丈夫回来时，女孩自己也做好了准备，后来，他们又有了两个孩子，家里也并没有因为一个小插曲而破裂。

这一切都很符合逻辑。但是那个女孩呢？她仍然对这个三个月大的胎儿被谋杀感到非常难过，但她还可以忍受，因此我可以乘机和她谈谈，她知道她对此感到很难过。所以这不仅仅是逻辑，不是吗？这就是谋杀案。事实上，我们正在谈论一些非常可怕的事情。

如果我再往前追溯，我想起了一个女孩，她在大约 18 岁的时候被要求去精神病院帮忙。精神病院非常热衷于帮助里面所有的年轻人，所以他们让她贴身照顾一个患有精神分裂症的男孩，我可以向你保证，她为他做了很多好事。但不幸的是，她却怀孕了。母亲勃然大怒，认为医院方太不负责任，她不再允许女孩去医院帮忙。我们只好说：“好吧，那这个女孩必须尽快把孩子打掉。”所以我做了后续的安排，并推动了堕胎相关的事宜。因为常常会发生的情况是，医生会说：“让我们再想想吧。”然后两个月后，母亲已经开始倾向于要这个孩子了，而此时再堕胎已经太晚了，对身体的伤害会很大，所以这个女孩就怀上了一个她并不想要的孩子，这个世界也多了一个不被人欢迎的孩子。这个问题有多可怕不言而喻。我被这件事弄得焦头烂额，甚至顾不上别的事情，后来，女孩还没来得及确定自己的意愿就把孩子给打掉了。所以她身体没有受到更大的伤害，她没有为此而感到内疚，因为这件事已经发生了。现在，她正计划嫁给这个曾患过精神分裂症的男孩，他们计划在安定下来后组建一个家庭。

经此一事，希望我们仍能心怀感性和幻想，同时恪守严密的逻辑，因为我绝对相信客观性，相信要把事物看清楚后再付诸行动。但我们不应该通过忘记幻想——无意识的幻想——而让事情变得乏味无奇。无意识的幻想并不那么受欢迎，公众是最不能忍受这种无意识幻想的。逻辑的极端化给了我们避孕药和它的使用，我知道这使生活发生了巨变，我们的世界也会用得上这些变化。但我想表达的意思是，如果这就是我们所做的一切，那我们都不会感到满意，我们必须看到，这种药丸就是我所说的“无声的杀戮”。我那首所谓的诗包含了大量的冲突，它并没有解决任何问题，但它竟意外地让我想到了我之前根本不知道自己会说的话——在想象中，避孕药是在无声地杀死婴儿。人们必须对此有所感受。

我想提醒你们的是，我已经习惯了谈论这个话题，因为我总在和孩子们打交道。让我们拿家里最小的孩子来说。我发现，他（或她）杀死了所有其他没有跟在他后面出生的人。对他们中的许多人来说，他们正饱尝杀害其他所有孩子的巨大内疚感。所以，如果我们习惯了孩子们生活中的幻想，我们就已经习惯了这一切。

你可能会认为我在说：“好吧，我们已经知道了避孕药会杀死婴儿，所以，我们不吃避孕药不就行了？”但我绝无此意。我只是想说：“我们不得不承认当我们在说‘是’的时候，我们就在杀戮婴儿。只是这样看似体面。”这不是因为我们恨他们——这不是重点。我们杀害婴儿是因为我们不能为他们提供一个适合他们成长的环境。但我们确实要处理一些与破坏有关的非常原始的东西，破坏属于客体关系。在仇恨之前，从某种意义上说，客体关系涉及破坏。

我的问题在于，若我要研究一个主题，那就务必无比专心，并时时小心。当我在任何地方谈论一个主题时，我会和其他人一样，做关于这个主题的梦。昨晚我做了两个梦。第一个梦是在一个会议上。它不像今天的会议，更像是我今年没有去罗马参加的精神分析会议。那里有一家人，有男人、女人、孩子。有很多人。事情原本进行得很顺利，突然，“嗖”的一下，一家人中的女儿现身了。她冲了进来，一边步履匆匆一边给酒店打电话，说：“妈妈的手提包丢了！”她说：“你懂的，虽然不是找不回来了，可是只要她找不回来，我们就都得帮她找！”于是大家都放下了手头的工作——终止会议，什么都不做了——都忙着找妈妈的手提包。

因此，如果我们考虑使用避孕药的想象性内容，那么我们必须容忍一些事情。不幸的是，它涉及一个女人失去女性气质的幻想。

另一个梦是一个有关男性的梦。它让我感兴趣是因为有一个最漂亮的白色物体，它是一个孩子的头。但它不是用任何方式雕刻出来的：它是一个雕塑品的二维再现。在梦中，我对自己说：“看，这上面的光影做得如此漂亮，以至于我们可以忽视它是否准确地代表了一个孩子的头部，并思考它的进一步含义，即黑暗和光明的含义。”在梦中，在我醒来之前，我说：“这与黑人问题中的黑与白无关——它深入其里。这与人类个体中的黑与白有关。”就是这样的。

然后我看到了——因为我那段时间经常在半夜醒来，我非常喜欢月亮——我确定我看到的是月亮。我知道那就是月亮，因为我突然想到：哦，该死的，上面有一面美国国旗！然后我突然意识到，当我开始变得合乎逻辑时，我们又回到了月经的话题上，那个女人说：“我还是得使用安全期避孕法。”事实是，在这里，我们开始研究月亮及其与女性的关系，以及整个世界的发展方式。最后，我说：“当下我们的文明所面临的考验（这种考验每天都不同）就是：作为诗人，我们能从美国登陆月球后恢复正常吗？”这首歌写道：“我给了你月亮，而你很快就会厌倦。”我已经厌倦了，绝对的。但是，当诗人们再次开始写关于月亮的文章时，就好像它没有降落在月球上一样，它意味着一些东西，就像当我们在天空中看到它的盈亏、庄严和神秘时，它对你和我的意义，然后，我们可以回到我们能理解它的全部含义时，那时我们知道黑暗和光明的含义。如果我们能够回到诗歌中，从美国登陆月球中恢复过来，在美国登陆金星之前，我们可能会觉得文明还有一些希望。当我真的在谈论避孕药时，这是一个有趣的注释。但从我的角度来看，因为我从来没见过，也没吃过避孕药，所以这颗药丸可能看起来像月亮。也许，这只是我的想象。

登月

一

他们说

他们到达了月球

插上一面旗帜

显然，那是一面坚挺的旗帜（因为那里没有神灵的呼吸）

二

聪明的魔鬼：

我会惧怕

我会恐慌

我会怀疑

我会犯错

我会晕倒

我会跳跃，尖叫，大笑，崩溃

他们并非如此

三

什么月亮?

他们用脑创造出一个房间

在电脑盒子里设计出来

接近无限的复杂性

探索其适应性

之后他们将其踩于脚下

插上一面坚挺的旗子

带回了一些大理石

但不给孩子们玩

四

事情改变了吗?

这是人类胜利的形状吗?

是人类伟大的标志吗?

是文明的巅峰吗?

是人类文化生活的生长点吗?

这是一个建立上神的时刻吗?

他正对其创造力感到满意

五

不，不适合我

这不是我的月亮
这不是寒冷纯洁的象征
不是潮汐的主宰
也不是女性躯体的阶段性决定因素
那盏灯变幻无常，
但对牧羊的天文学家来说是可预测的
它不时照亮黑夜或带来蝙蝠和鬼魂
还有女巫和其他我们会撞见的东西

六

这不是幻窗上的月亮，不是阳台上朱丽叶梦境中的月亮（我来守护）

七

我的月亮没有旗帜
亦无坚挺的旗子
它的生命在于它鲜活的美
它变幻的光
它的光辉

论战争的目的

写于 1940 年

首相似乎不愿意讨论战争的目的，这让许多人感到宽慰。我们是在为生存而战。

就我个人而言，我并不觉得为生存而奋斗这一想法有多令人羞耻。我们在做的并不是多么不寻常的事，我们战斗仅仅是因为我们不希望被消灭或奴役。Le méchant animal, quand on l'attaque il se defend.（邪恶的动物，当被攻击时，它会自卫。）道德是不会被牵扯进来的，如果我们愚蠢到屈服，那我们甚至没有机会从错误中获利。

如果我们为生存而战，我们就不能声称自己比敌人更高尚。然而，当我们说我们为占有或继续占有而斗争的那一刻，我们就把事态弄复杂了。如果我们鲁莽地断言我们拥有一些敌人所缺乏的品质，而这些品质应该得到保护，那么我们所说的话是很难被证实的。因此，让我们的目标尽可能简单是有道理的。

没有明确的理由表明，领导一个国家取得胜利的能力应该伴随着讨论战争目标的能力，我们不应该强迫首相做一些违背本性的事情。然而，丘吉尔首相羞于做的事情，让我们这些直接责任较少的人去做，则是有益处的。我们可以检查我们是否代表着某些有价值的东西，如果我们认为我们代表着有价值的东西，那我们会试图找出它可能是什么。当“民主”和“自由”这两个词出现在讨论中时，我们可以试着去理解这些词的含义。

为了澄清这一点，我要求大家接受这样一条公理：即使我们比敌人强，也只是比敌人强一点点而已。在战后几年，即使是这份谨慎的声明也会显得太自以为是。在我看来，假装德国人和英国人在人性上有根本的不同是没有用的，尽管我承认，这让我有了一种责任去解释两国公认的行为差异。我确实认为，这种差异是可以解释的，而不必假设存在绝对的根本差异。人们可能会说，两国的某些行为是不同的，毕竟，重要的不就是行为吗？这话虽没错，但有行为，也有完全行为。行为是一回事，而完全行为又是另一回事。完全行为包括历史责任，它还要考虑到通过无意识地认同敌人来扩大基础性的动机。完全行为还注意到个人从思想（也可能是侵略性或残酷的想法）中获得满足的能力，以及当难以忍受、有可能成为意识的思想被付诸实践时获得解脱的能力。也就是说，一个群体的其他成员分担了对这些想法的责任。

通俗地说，我们可能感觉良好，行为也良好，但我们需要个衡量“好”的标准。衡量“好”时，唯一真正令人满意的标准是“坏”，而完全行为就包括这种坏，即使坏的一方是我们的敌人。

目前，很显然，我们处在一个幸运的位置上，因为我们的敌人说：“我是坏蛋，我打算做坏事。”这让我们感觉“我们是好的”。即使我们的行为可以被说成是好的，也并不意味着我们能因此摆脱我们对德国的态度，事实上，这种自以为是会有实质性和直接的危险，因为敌人的声明是诚实的，而我们的声明是不诚实的。在我看来，这是他有能力从内部瓦解对手的原因之一。

我们很容易忘记这样一个事实，即每次战争都有其价值，这价值观反映在政治进程中。和平作为一种自然现象很难维持若干年以上，而且我们有可能看到，当来自国外的威胁出现并给我们施加压力时，国内政治结构也出现了内部紧张和压力。（这并不意味着这场战争正如某些人所说是为了防止革命而策划的。）

换句话说，人性，即社会结构的总称，不是一件简单的事。社会学家否认贪婪和侵略的力量，这对他而言没有任何帮助。如果每个人要成为文明人，就必须在自己身上找到应对贪婪和侵略的力量。对于个人来说，最简单的方法是，当那些令自己不愉快的部分出现在别人身上时，他才看到自己身上不愉快的部分。而困难的是让他明白，世界上所有的贪婪、侵略和欺骗可能都是他自己的责任，即使事实并非如此。国家和个人也是如此。

如果我们愿意接受教育，那么过去几十年发生的事件就足以让我们受益匪浅。墨索里尼推动我们的教育向前迈进了一步，他在希特勒上台之前就说，唯一正当的占有是以体力为后盾的占有。我们不必讨论这在道德上是对还是错。我们只需注意，任何准备根据这一原则采取行动，甚至进行对话的人，都会因此迫使其他所有人按照同样的原则行事。墨索里尼暗示，英国、法国、荷兰和比利时皆采取了错误的立场，声称其拥有领土权，就好像上帝如此命定一样。争议由此而起。有人认为，即使他的话只是在虚张声势，是在迫使我们再次决定是否要为地位而战，他也为我们做了一件好事。

如果我们接受这样一种观点，即本质上我们就像敌人一样，那么我们的任务就会被大大简化。然后，我们就可以无所畏惧地审视自己的本性，审视自己的贪婪和自欺欺人的本领。除此之外，如果我们发现自己确实代表着一些对世界有价值的东西，那我们就能够相应地看待这一点。

我们必须记住，如果我们发现自己正在用所拥有的权力去做好事，那么这意味着我们的这种拥有可能会激起旁人的嫉妒之心。敌人嫉妒我们可能不仅仅是因为我们的财产，还因为我们的权力给了我们机会，让我们能够很好地治理和传播好的原则，或者至少是控制可能导致混乱的力量。

换言之，如果我们承认贪婪在人类事务中的重要性，那我们将会发现比贪婪更多的东西，或者我们将发现贪婪其实是原始形式的爱。我们还将发现，获得权力的冲动可能源于对混乱和失控的恐惧。

那么，我们可以提出什么样的理由，来进一步为战斗（主要是为生命而战）辩护呢？事实上，只有一种方式可以支持“我们优于敌人”这种主张，并且不涉及对“更好”一词含义的无休止的讨论。如果我们能够证明我们的目标是达到比我们的敌人更成熟的情感发展阶段，那么上述说法就可以被证实。例如，如果我们可以证明纳粹分子的所作所为像青少年或青春期前的儿童，而我们则像成年人一样行事，那事实就应该对我们更有利了。为了便于论证，我会说墨索里尼主张的“为占有而战”（如果是真实的，而不仅仅只是口头上说说而已）是相对成熟的，而“你肯定爱并信任领导者”的态度只对不成熟和青春期前的男孩来说是正常的。根据这一点，墨索里尼向我们发起了挑战，让我们像成年人一样行事；而纳粹分子则是作为青少年向我们发起了挑战，他们无法理解我们，因为他们无法看到自身的不成熟。

也许我们的论断是，纳粹分子是自信的前青春期孩子，而我们正在努力成为成年人。我们正在努力感受自由，也试着获得自由，并愿意为之一战但又不变成好斗分子，从而成为对和平艺术感兴趣的潜在战士。如果我们是这样宣称的，那我们必须准备好捍卫这一主张，并理解我们所说的话的意思。

人们普遍认为，我们都热爱自由，愿意为自由而战，为自由而牺牲。只有少数人意识到这种假设是不真实的，是危险的，但在我看来，他们似乎并没有理解他们所描述的内容。

事实似乎是，我们都喜欢自由的理念，钦佩那些感受到了自由的人，但与此同时，我们害怕自由，有时甚至倾向于被控制。理解这一点的困难在于，意识和无意识绝不是一致的。无意识的感觉和幻想使有意识的行为变得不合逻辑。此外，我们在兴奋期喜欢什么和我们在间歇期喜欢什么之间，可能存在很大的差异。

对行使和享受自由的干涉主要以两种方式出现。第一，自由的享受只适用于躯体兴奋期。从自由中得到的躯体满足寥寥无几，更没有强烈的满足。然而，残酷或奴役的观念与躯体兴奋和感官体验有着臭名昭著的联系，即使我们撇开实际的变态行为不谈，也是如此。在变态行为中，这些东西被当作性体验的替代品付诸行动。因此，爱好自由的人士必须定期感受到奴役和控制思想的诱惑力。提及身体上的秘密乐趣和与之相伴的思想也许不太礼貌，但历史记录中的那些超乎寻常的对自由的背离，是无法用沉默和否认的阴谋来解释的。

第二，自由的体验令人疲惫。有时，自由的人会乘机卸下责任，并等待控制的到来。有一个关于现代学校的著名笑话，一个学生说："拜托，我们今天一定要做我们想做的事吗？"这个笑话暗示了一个敏感的答案，比如，"今天我会告诉你该做什么，因为你是个孩子，还太小，不能对自己的想法和行为负全部责任"。但是如果是成年人问这个问题，那么我们有时会说："是的，先生，你必须这么做。见鬼！这就是自由！"也许他愿意努力行使他的自由，甚至享受它，只要他能时不时地有一个假期。

在这里，为了拥有自由，我们必须有一个衡量标准。除了与缺乏自由相比，我们如何才能意识到自由？对非裔黑人的奴役使我们对自己的自由产生了一种虚假的宽慰。奴隶制在我们的书籍、电影和歌曲中的一再出现，很大程度上是我们获得自由感的一种方式。

除黑人奴隶制之外，我们的文明还没有解决关于自由的其他问题——如果我们必须把解放奴隶包括在内的话。也许在这两种完全行为一致的经历中，德国比我们或美国参与得更少。如果是这样的话，这将对德国人个体的管理和控制欲望产生很大的影响，使他们更需要在今天体验到美国人在奴役黑人时表现出来的残酷，并且仍然通过大解放运动表现出来。

自由会给个人的整体人格带来压力。自由的人不可避免地会产生遭受迫害的想法。除了他自己的贪得无厌外，他也没有任何合乎逻辑的借口来为自己发泄愤怒或侵略性的情绪开脱。而且，他身边也没有人允许或禁止他去做他想做的事。换言之，没有人把他从严苛的良知"暴政"中解救出来。难怪人们不仅害怕自由，而且害怕自由的观念和给予自由。

被告知该做什么会给一个人带来极大的解脱，只要他像崇拜英雄那样崇拜掌权者就够了。目前，我们让丘吉尔先生和他的某些内阁成员以一种最荒谬的方式告诉我们该做什么，这种方式只能通过假设我们都彻底厌倦了自由，渴望一段时间的奴役来解释。例如，在商业领域，政府制定了小型贸易商无法理解的各种规章制度。他们先是恼火，然后变得多疑，许多同类中的佼佼者渐渐因身心崩溃而被迫放弃。许多其他领域也是如此。毫无疑问，这是有一定价值的，因为它的残忍和愚蠢，这是人类仅次于自由的第二重要的东西。通过将自由与和平、奴役与战争联系起来，我们已经达到了一种幸福的状态，然而，这取决于是否有人动动手指就能对我们发动战争。如果我们被刺激着每隔二十年或三十年进行一次斗争，我们似乎就能享受民主的实践和自由的体验了。

我们很少能遇到这样一个人：他自由且感觉自己很自由，他可以对自己的行为和思想负责，而不使自己过度沮丧，也就是说，他不会在兴奋中表现出抑制。抑制和放纵都是容易获取的，而且二者都能通过廉价的交易被个体所获得。这笔交易就是把自己的责任交给一个理想化的领导者或一个原则，然而这样做会导致人格的缺乏。

自由是必须强加给那些有能力接受它的人的东西，需要一个先知来评估自由，并向人们展示它值得为之奋斗和为之牺牲，一代又一代的人皆是如此。托尔普德尔蒙难者为他们自己那一代的（而不是所有时代的）工会主义者赢得了自由。对自由的热爱本身不会带来自由。事实上，被奴役之人喜欢自由的概念，但这并不意味着他们在获得自由后也会热爱自由。无论如何，至少在一开始尝到自由的时候，他们都会被它麻痹，担心自己会用它做什么，这是众所周知的。然后他们接受了它，这意味着他们或多或少地放弃了自由。

我们很难感到自由，同样也很难给别人自由。战争不仅使我们暂时摆脱了随自由而来的压力，而且也为独裁者提供了大权在握的机会。我们身边随处可见独裁者，他们经常做一些惊人的事情，而这些事情永远不会以议会的方式完成。当目标达成一致后，执行就只是效率问题了。这些人会欣喜于战争的结束，并下放权力，迎接新的民主日的到来吗？

我们被告知，这场战争是为了自由而发动的，我确实相信我们的一些领导人能够实现这一崇高目标。我们正在放弃自由，其程度取决于丘吉尔先生的想法和他所认为的尽头。让我们期待当战争取得胜利时，会有人感到自由，并容忍他人的自由。

民主是对自由的行使，议会制政府试图通过个人意愿来实现自由，如果他们在投票中被击败，他们会容忍自己的意见被驳回。如果一个人得不到大多数人的支持，那他甘愿事情无法按照预期发展，这是一项了不起的人类成就，但也涉及许多压力和痛苦。只有在允许对领导人的周期性不合逻辑的罢免感到满意的情况下，这才可能实现。为了保持稳定，国王得以保全王位，而且是不合逻辑的永久保留。事实上，将元首分为国王和首相是民主的关键。美国基于这点授予了一个人一段时间内的权力。

在这个庄严的时刻，我很苦恼地发现，人们谈论民主，就好像它意味着国家为人民服务，而不是人民为国家服务。当然，民主的本质是人民不仅要选举领导人，而且也要罢免领导人，并为此承担责任。尽管逻辑和推理很容易剥夺这些感觉的粗糙性，但感觉证明了这种改变是合理的。

我不爱你，费尔医生，

我不能告诉你原因……

幸运的是，人的本性就是这样，迟早会有一些理由证明，即使是最受喜爱和信任的酋长也应该被免职。但是，罢免政治家的主要动机是主观的，并且是在无意识中被发现的。因此，如果政治家陷入困境，就会出现一系列现象，这些现象围绕着未被表达的仇恨和未经认可的侵略性而出现。

近年来，对民主的一个巨大威胁来自政治家们希望自己能功成身退，或是因公殉职，而不是被议会赶下台。死亡是不够的。他们说，一个优秀的下议院议员会用力出拳，并期待得到反击。当丘吉尔通过议会程序（而不是由于我们对敌人发动进攻的恐惧！）成为张伯伦的继任者，这对民主制度来说是一个多么好的机会啊！如果张伯伦先生的罢免时间被推迟几天，事情可能就是后者了。

在我看来，劳埃德·乔治（Lloyd George）在过去二十年中对政治的主要贡献是他扮演了“被干掉”的首领角色，而所有其他老人都试图通过毫发无损地退休来避免“被干掉”。劳埃德·乔治不得不维持“被干掉”的状态，而且有时他肯定觉得自己被浪费了，因为我们可以看到他对民主制度的促进作用，使其免受政客们对不合逻辑的罢免的恐惧所带来的腐朽影响。

在最近的总统选举中，“没有第三任期”的呼声也反映了同样的情绪。罗斯福的连任实际上可能意味着美国民主制度的衰败，因为他下次必须得退休了，因此至少八年内，任何一位总统都不能被不合逻辑地赶下台。其结果必然会导致战争、革命或独裁倾向的加强。

纳粹分子显然很享受总是听命于他人的状态，他们无须对领袖的选择负责，也无力推翻其统治，因为在这方面，他们还处于青春期。我们可以声称，在民主的生活方式中，我们的目标是自由，如果我们的目标是成熟地分担责任，特别是分担不合逻辑的弑父行为的责任，我们通过将父亲形象拆开而使弑父成为可能。但是，当其他人向我们指出我们未能实现这种自由时，我们也不必感到惊讶。我们只能声称我们的目标就是这样的，或者说作为一个国家，我们确实在战争之间的短暂休战时期实现了这一目标。事实上，期待个人自由（那种自由的感觉）能在普通人身上实现，这种期待实在是过高了。在每个时代，只有少数可贵的男性和女性能实现个人自由，但他们不一定有名。

当谈到战争目标时，我们只能确信一件事：我们想要生存下去，就必须愿意去战斗。我们还声称，我们希望自己能比愿意战斗更进一步，因为我们想践行自由——它能够赋予人类这种生物如此崇高的尊严。如果我们认为我们比敌人更能支持发展中的成熟阶段，我们就有强烈的理由可以获得全世界的同情，但我们不能因此而逃避战争，甚至应该在必要时牺牲自己的性命。

我们的首要目标是赢得战争。如果我们获得了胜利，那我们将面临一项艰巨的任务，首先是重建我们自己的自由、我们的议会制度和民主的生活方式，包括不合逻辑地罢免政客的机制。这是我们战争的第二个目标。我们的第三个目标必须是寻找或准备好迎接敌国的成熟分子。我们希望，许多现在表现出叛逆青春期心态的德国人和意大利人能够走向成熟——也就是说，我们可能希望他们中的许多人现在被引诱回到青春期或青春期前期，而不是被固定在从个人无法成熟与成熟之间的不成熟发展阶段。因为只有在德国人民成熟的情况下，我们才能有效地给予他们自由的观念。

在我看来，关于赢得战争（这是第一次战争的目标），我还可以再多说一点。在眼下这场特殊的战争中，胜利意味着看透一切政治宣传不过是虚势。我们的工作当然是对我们用语言表达的一切进行物质上的考验。正是出于这个原因，那些支持政治宣传的人在我们心中引起的怀疑多于他们获得的认同。作为战争机器的一部分，宣传可能有一席之地，但在这场战争中，重要的是我们应该赢得军事胜利，而不是道义上的胜利。

和平时期的最大希望是战争应在战斗停止时结束。即使获胜的一方已经确立了军事力量上的绝对优势，被击败的一方也仍然不会屈居人下。败北对灵魂来说并不比获得战争的胜利更糟糕。

还可以表达得更清楚一点，那就是，如果德国获胜，那它的胜利必须是靠战斗的优势，而不是炫耀。如果我们获胜，正如我们满怀信心地所希望的那样，这也必须归功于军事力量上的优势。

然而，如果在毫无疑问地确立军事霸权之前实现了人为的虚假和平，那么关于战争罪行的旧麻烦将会重现，我们大家都向往的和平将会再次遭到破坏。

君主制的地位

写于 1970 年

我提议咱们先看一下君主制在英国的地位。在没有专门与君主制相关的文学知识和专门的历史知识的情况下，我不得已而为之，但我也许可以这样为自己开脱，即君主制是我们与之共存的一种制度，通过电视、大众媒体以及与出租车司机和当地的朋友们聊天，我们一直都在了解相关信息。我碰巧住在距离白金汉宫不远的地方，从旗子的飘动或收起可以看出女王是否在宫里。但此时对于这个国家的每个人来说，有一个永恒而重要的问题：上帝拯救了女王吗？这句话的背后代表着："国王死了，国王万岁！"这一点很重要，因为它意味着君主制在执政君主死后仍然存在。这是问题的症结所在。

大家已经注意到，尽管我对皇室和皇室家族并不过分感伤，但我确实很看重君主制，我相信若没有君主制，英国将会是一个截然不同的国家，撇开另一个问题不谈：别的选择会更好还是更糟？同时也撇开所有复杂的考虑因素，这些考虑因素都属于对当今国王或女王作为一个人的真实情况的客观评估。

如果要审查君主制及其在社会中的地位，作为一项初步准备工作，人们自然会问这样一个问题：如果与普通人进行适当的接触并给予他们表达个人意见的机会，他们会说些什么？当然，大多数人都会有两种态度：感觉态度和谈话态度。

谈话态度是一种在被称为交谈的游戏中表达的态度。口头表达为我们提供了广泛探索各种可能性的空间，在讨论中，我们可能会在某一时刻持有相反的两种观点，可能只是为了趣味性而争论。在这种极具价值的态度展示中，大多数人确实忽视了无意识动机那可怕的复杂性。无意识被认为是一种讨厌的东西，它破坏了乐趣。无意识属于精神分析和对病人进行治疗的范围。在酒吧里，我们说出我们认为自己知道的，并给出合理化的解释。我们也别太较真，否则我们会在一眨眼工夫就发现自己坠入爱河或者开始打架了。然而，认真的谈话是文明的证明，交谈者也必须考虑到无意识的存在。作为一种总体反应，感觉态度包括无意识。但是，作为一个“完整个体”，人们不能马上公平地对待自己的感受。

针对君主制在我们文化中的地位，通过谈话态度，我们会发现整个皇家事务都很容易被视为童话故事。可能童话让人们感觉安心和幸福，并且丰富了人们的日常生活。也可能是童话被认为是一种逃避现实的行为，削弱了我们改变那些糟糕之事的决心，那些糟糕包括拥挤的住房条件、老人的孤独、残疾人的无助、污秽与贫穷带来的不适，或基于偏见造成的迫害悲剧。“逃避现实”这个词概括了这种态度，基于这些理由，童话故事已经被诅咒了。

与此相对应的是“多愁善感”这一词，它属于那些从来没有真正醒过来的人，他们看不到贫民窟的可怕，并且已经退缩到一种假象之中。

那些使用“逃避现实”这个词的人鄙视那些多愁善感的人；而多愁善感的人也不知道该如何对付逃避现实的人，直到他们发现自己不由自主地被卷入了一场政治局面中，也许这是一场对他们来说毫无意义的革命。

对君主制的无意识使用

下面我要讨论的假设本身是很难被理解或想象的。它直指人类个体存在的基础，以及客体关系的最基本的方面。有一条格言是：好的东西总是会被破坏。这涉及无意识目的的概念。其中的真理有点类似于谚语“情人眼里出西施”。

这是生活的事实之一。在我们的国歌中你立刻就能找到他，“上帝拯救女王 / 国王！”但从什么当中拯救出来呢？人们很容易想到从敌人手中拯救，尽管在歌曲的后面几行中，这一想法已得到充分的肯定。（“他们的无耻阴谋”这句话很有趣，但我们知道这不是问题的核心。）人类无法对美好的事物置之不理。他们必须得到并摧毁它。

保护之外的生存方式

这是一个很切题的问题：如果美好的存在与善良会煽动人们，并可能导致它的毁灭，那么它为什么还会存在？其实这里有一个答案，这个答案需要提及美好事物的实际品质。好东西可能会幸存下来。幸存可能是一个事实，因为美好事物的品质总是会被破坏。然后，美好的事物就会以一种新的方式被爱，被珍视，甚至被崇拜。它经历了被无情利用的考验，以及被作为我们最原始冲动和客体对象的考验，而不受我们的保护。

君主制总是在接受考验。由于保皇党人或效忠者的支持，它可能会在困难时期幸存下来，但最终一切都取决于国王和王后，他们发现自己除了个人选择之外，还登上了王位，处于国王的位置。

这就是世袭制的由来。这个男人（或女人）登上王位不是因为选择（不是因为他的选择，也不是因为我们的选择），也不是因为政治选举，也不是因为功绩，而是因为前人的恩惠。

从这个角度来看，我们发现君主制在英国存活了一千多年，这几乎算得上一个奇迹。当然，也曾出现过岌岌可危的时刻，比如后继无人，继承人不被爱戴或不讨人喜欢（不管人们愿不愿意），还有国王的突然离世。但君主制的终止仍然是一种罕见的现象，以至于我们立即想到克伦威尔，或许正是他帮助这个国家认识到，一个好的独裁者可能比一个坏国王更糟糕。

有两个主要的考虑因素基于这样一个事实：一个好的事物在没有受到保护的情况下受到了各种各样感觉的影响，这意味着抑制冲动和推迟真理到来的时刻，即真正的考验。

其中一个考虑因素与那些任何时刻被卷入其中的个人有关。一件事物（这里指的是君主制）的幸存使其具有价值，并使各种类型和年龄的人都能看到，毁灭的意愿与愤怒无关——它与原始的爱有关，毁灭发生在无意识的幻想中，或发生在个人的睡梦中。正是在个人的内心精神现实中，事物被摧毁了。在清醒的生活中，无论物体是什么，它都会带来一种解脱感和新的信心。现在很清楚的是，尽管我们有梦想，尽管我们无意识的幻想中有破坏的背景，但由于它们自身的属性，它们都可以生存下来。现在，世界开始以其自身的方式存在：一个可以生存的地方，而不是一个恐惧、顺从、迷失的地方，也不是一个只在白日梦或对幻想的沉溺中才需要去应对的地方。

世界上的许多暴力行为都属于试图达到破坏的行为，这种破坏本身并不具有破坏性，当然，除非该物体无法生存，或遭到报复。因此，在核心事物的生存中，个体具有深刻而重大的价值，在英国，君主制就是其中之一。现实变得更加真实，个人原始探索的冲动也变得不那么危险。

另一个考虑与政治有关。在一个历史不算悠久、四面环海的小小岛国上，就有可能保持一种二元性：一个政府定期被推翻的政治体系，以及坚不可摧的君主制（“国王死了，国王万岁”）。

很明显，但需要不时重申的是，民主议会制度（在思想上反对独裁）的运作取决于君主制的存续，而君主制的存续部分取决于人民的意愿，即他们确实可以在议会选举中通过投票推翻政府或罢免首相。这里假设推翻政府或首相的行为必须基于民意，如无记名投票中所表达的那样，而不是基于民意调查（盖洛普和其他民意调查），这种民意调查未能表达人们深层的感受、无意识的动机以及那些看似不合逻辑的倾向。

政治人物或政党的罢免涉及一件不那么直接的事情，即选举另一位政治领导人。就君主制本身而言，这件事会事先得以解决。这样一来，君主制可以在一个政局动荡的国家周期性地产生一种稳定的感觉。

王权之人的地位

幸运的是，君主制的存在并不依赖于心理学或逻辑学的理解，也不取决于哲学家或宗教领袖所说的一句真知灼见。最终君主制能否幸存取决于王位上的男性或女性。研究一下围绕这些非常重要的现象建立起来的理论，可能会很有趣。

一直以来，我们都意识到了这样一个事实：虽然君主制能够建立在千年的历史基础上，但要毁掉它，一天就够了。它可能会被虚假的理论或不负责任的媒体所摧毁。那些只看童话故事或芭蕾舞或戏剧的人，在真正审视生活本身的某个方面时，可能会嘲笑它的存在。生活本身的这一方面需要被清楚地阐述出来，因为它通常不被允许出现在描述性的谈话中。它涉及一个中间区域——从睡眠到醒来以及从醒来到睡眠的过渡就发生在这个中间区域。这是游戏和文化体验发生的地方，是被过渡性客体和过渡性现象占据的地方，所有这些都是个人精神健康的证据。

令人惊讶的是，虽然人类个性和生存的理论主要是从个人梦境以及实际的或共享的现实这些角度来描述的，但当我们不加偏见地对其进行审视时，就会发现大多数成年人、青少年、儿童、幼儿和婴儿的大部分生活都是在这一中间区域度过的。文明本身可以用这些术语来描述。

对这一区域的研究最好首先从家庭美满幸福、得到父母悉心照料的婴儿开始。我已经尽我所能清楚地表明，这一过渡现象区域的特点是接受将外部现实与内部经验联系起来的悖论。这是一个永远都无法解决的矛盾。对于婴儿来说，一块布或一只泰迪熊是安全和幸福的基本要素，象征着永远可用的母亲或母亲元素（或父亲元素）。我们从来没有发问过：你是创造了这个，还是已经找到了什么？答案并不重要，尽管这个问题是至关重要的。

就君主制而言，成为登上王位的男人或女人是每个人的梦想，不过他或她也是一个真正具有所有人类特征的男人或女人。

只有当我们远离这个女人（也就是女王）后，我们才有能力梦想并将她放置于神话的领域。如果我们住在离女王很近的地方，想必我们很难维持这个梦。对于数以百万计的人来说（当然，我是其中之一），这个女人正在为我们演绎这个梦。同时，她也是一个人，当我等出租车时，我可能会看到她坐在车里，从白金汉宫出来去履行一些职责，这是她生活的一部分，是命运赋予她的角色，而我们大多数人都在其中支持着她。虽然我被堵在路中间，因为即将迟到而在心里咒骂，但我知道我们需要一种仪式、一种防御，以及让梦想成真的全部程序。很可能作为女王的女人有时也很讨厌这一切，但我们永远不知道，因为我们几乎无法了解这个特定女人的生活和个人的细节，这是维持她作为一种梦想意义的方式。若是没有梦想的意义，她只不过是一个邻居罢了。

当然，我们将努力揭开面纱。我们喜欢阅读关于维多利亚女王的故事，我们编造了感伤但粗鄙的故事，但故事的核心是一个女人（或男人），她能否对挑衅或诱惑做出反应，直到死亡降临，由世袭制决定的继任者接管这一可怕的责任。这是一种可怕的责任，因为它在严酷的现实中是不真实的，因为有生命的地方就可能有死亡，因为在生死攸关的时刻，存在着一种孤立，一种无与伦比的孤独感。

在审视我们生活和玩耍的这一中间区域时，我们是有创造力的。我们必须容忍而不是解决这一矛盾。为了更清楚地说明这一点，我们可以去考察关于王室画像的事实。这些具有巨大艺术价值的文物是女王和她的祖先在几个世纪以来收集的，它们属于女王，同时也属于这个国家，属于我们每一个人。因为女王是我们的女王，是我们梦想的化身。想象一下，假如君主制被废除了，这些可爱的收藏品会立刻变成一张高价货品清单，而我们会把它们全部拱手让给那些当时碰巧手里有很多钱的人。

正因如此，当女王代表我们行使所有权时，我们根本不需思考它们有多少虚假的现金价值。

总结

因此，君主制的生存取决于其自身固有的品质：它与议会和竞选中的政治争论并驾齐驱，而这些争论主要是以口头形式进行的；它依赖于我们自己的梦想或全部无意识的潜能；它依赖于处于国王地位的女人（或男人）的实际样子，依赖于王室的性质，依赖于意外和疾病导致的生死事件；它依赖于社区的总体精神健康状况，其中有少数人因被剥夺而心怀怨恨，或因早期关系中的匮乏而身体抱恙；也有赖于地理因素；等等。

如果认为我们自己会保留我们感觉良好的东西，那将是一种错误的想法。归根结底，解决这个问题的一定是实际君主的生存能力。目前我们似乎很幸运。我们可能会深切地体会到登上这个国家的王位所带来的巨大荣誉和特权，这个国家不大，四面环海，曾经有一首歌这样描述它：“一个美丽的有点拥挤的小岛。”

结论

我不是在讨论该如何拯救君主制。事实恰恰相反，君主制的持续存在是我们所掌握的迹象之一，表明这里和现在都存在着民主

（社会环境中家庭事务的反映）可以成为政治制度特征的条件，而在这种条件下，良性或恶性的独裁（每一种独裁都基于恐惧）暂时不太可能出现。在这种情况下，如果个人情绪健康，他们就可以发展出一种存在感，可以实现他们的一些个人潜力，并可以发挥作用。

图书在版编目（CIP）数据

家是我们开始的地方 / (英) 唐纳德 · 温尼科特 (Donald W. Winnicott) 著 ; 耿伟 , 韩萨日娜译 . -- 南京 : 江苏凤凰文艺出版社 , 2023.6
ISBN 978-7-5594-7618-0

Ⅰ . ①家… Ⅱ . ①唐… ②耿… ③韩… Ⅲ . ①心理学 – 文集 Ⅳ . ① B84-53

中国国家版本馆 CIP 数据核字 (2023) 第 044373 号

家是我们开始的地方

［英］唐纳德 · 温尼科特 (Donald W. Winnicott)　著
耿伟　韩萨日娜　译

责任编辑　曹　波
特约编辑　姚同香
装帧设计　@ 蔡炎斌
责任印制　刘　巍
出版发行　江苏凤凰文艺出版社
南京市中央路 165 号，邮编：210009
网　　址　http://www.jswenyi.com
印　　刷　北京永顺兴望印刷厂
开　　本　880 毫米 ×1230 毫米 1/32
印　　张　7
字　　数　188 千字
版　　次　2023 年 6 月第 1 版
印　　次　2023 年 6 月第 1 次印刷
书　　号　ISBN 978-7-5594-7618-0
定　　价　39.80 元